I S S Q N

Regra de Competência
e Conflitos Tributários

M397i   Masina, Gustavo
   ISSQN: regras de competência e conflitos tributários / Gustavo Masina. – Porto Alegre: Livraria do Advogado Editora, 2009.
   160 p.; 23 cm.
   ISBN 978-85-7348-621-6

   1. Imposto sobre serviços (ISS). I. Título.

                                CDU – 336.241

         Índice para catálogo sistemático:
   Imposto sobre serviços (ISS)   336.241

         (Bibliotecária responsável: Marta Roberto, CRB-10/652)

Gustavo Masina

I S S Q N

Regra de Competência e Conflitos Tributários

Porto Alegre, 2009

© Gustavo Masina, 2009

Capa, projeto gráfico e diagramação
Livraria do Advogado Editora

Revisão
Rosane Marques Borba

Direitos desta edição reservados por
Livraria do Advogado Editora Ltda.
Rua Riachuelo, 1338
90010-273 Porto Alegre RS
Fone/fax: 0800-51-7522
editora@livrariadoadvogado.com.br
www.doadvogado.com.br

Impresso no Brasil / Printed in Brazil

À Renata, por sonhar os meus sonhos;

A meus pais, Renato e Léa, exemplo maior de amor e união – modelos para toda a vida;

Ao Prof. Dr. Humberto Ávila, mestre do saber, por iluminar os caminhos a serem trilhados.

"O tigre que morre hoje tem a mesma idade daquele que morreu 5 mil anos atrás, porque os tigres só sabem acumular as próprias vivências. Porém, o mesmo não ocorre com os homens. Estes são todos – em maior ou menor grau – antropófagos. Alimentam-se das vivências dos coevos e também e principalmente das vivências de todas as gerações anteriores."

Alfredo Augusto Becker
Carnaval Tributário. 2 ed São Paulo: Lejus, 1999, p. 104/105

Prefácio

Os livros de Direito Tributário avolumam-se nas prateleiras das livrarias. Trabalhos há, sobre quase tudo. Nem todos, porém, têm a mesma qualidade e igual importância. Alguns poucos se sobressaem, quer pela atualidade e dificuldade do tema tratado, quer pela consistência do método utilizado para seu exame. Este livro, que o leitor tem em mãos, é um deles.

O trabalho, correspondente à versão aperfeiçoada da dissertação de mestrado, que tive a honra de orientar, com a qual o jovem autor obteve a nota máxima perante exigente banca examinadora, na centenária Faculdade de Direito da Universidade Federal do Rio Grande do Sul, tem sua qualidade evidenciada pelo próprio tema corajosamente escolhido: a regra de competência do ISSQN e os principais conflitos de competência tributária que podem surgir entre o exercício da competência relativa ao imposto municipal e o IPI, o IOF e o ICMS. Os problemas que hoje assombram os operadores do Direito Tributário no Brasil estão em boa parte relacionados a esses conflitos. Em alguns casos, há dúvida quanto à ocorrência, ou não, de prestação de serviço. Em outros, embora se tenha certeza com relação à sua configuração, existe perplexidade no tocante a ser o serviço tributável pelos Municípios, dada a indecisão quanto a ele consubstanciar uma atividade-meio abrangida por regra de competência de outro ente federado ou uma atividade-fim alcançada pela própria competência municipal, ou em virtude da hesitação quanto a ele estar abrangido pela competência de um ou de outro Município da extensa e atípica federação brasileira.

Daí a dificuldade do tema tratado: o seu exame pressupõe tornar simples conceitos complexos, como, dentre tantos, o de prestação de serviços, de industrialização, de operações financeiras e de prestação de serviços de comunicação, não apenas na sua individualidade, mas, especialmente, no seu entrecruzamento. Mas para a adequada manipulação desses conceitos, outros fundamentais precisam ser previamente dominados, como o de federação, de autonomia federativa, notadamente municipal, de lei complementar, de regra de competência, e assim por diante.

 É precisamente nesse ponto que a qualidade da obra aparece com toda nitidez: apesar de complexos, esses conceitos foram amplamente dominados na presente obra, que os examinou com consistência e clareza não usuais. Tal domínio já começa com a adequada articulação interna dos variados elementos necessários ao exame do tema: o trabalho corretamente inicia com a investigação das regras de competência, da sua classificação e dos seus modos de interpretação; mais adiante, e ainda propositadamente sem adentrar no tema central, examina os conceitos postos e pressupostos pelas regras constitucionais de competência, não apenas isoladamente, mas no seu inter-relacionamento sintático com os conceitos previstos em outras regras de competência; só depois, é que o trabalho analisa a regra municipal de competência concernente ao imposto sobre a prestação de serviços de qualquer natureza. Mesmo essa pesquisa, porém, não é feita de improviso, sem a anterior fixação dos conceitos fundamentais de federação e de autonomia municipal e a adequada configuração da função da lei complementar no sistema federativo de competências. Vale dizer, a outra grande virtude deste trabalho está em examinar a competência municipal para a tributação da prestação de serviços e o próprio conceito de serviços somente depois de bem edificados os seus indispensáveis alicerces teóricos.

 Esse rigor na fundamentação e no encadeamento lógico dos argumentos explica por que o tema central do trabalho, que é a construção de uma metodologia à prevenção e solução de conflitos de competência tributária, é bem enfrentado e chega a resultados concretos e específicos. Longe, porém, de se desviar dos casos práticos mais tortuosos, como se houvesse uma separação intransponível entre a teoria e a prática, esta obra mapeia, minuciosamente, os conflitos de competência entre os Municípios e a União, entre Municípios e Estados e entre os próprios Municípios, sempre com a indicação e o enfrentamento de casos concretos, colhidos na longa e exitosa experiência advocatícia e acadêmica do autor, não só tornando a argumentação mais clara e consistente, como também possibilitando o seu controle científico.

Por essas e tantas outras razões que inteligente leitor logo irá perceber, desejo a esta obra o merecido sucesso acadêmico e editorial, pela importante e séria contribuição científica que apresenta ao aprimoramento dos estudos de Direito Tributário no Brasil.

Bonn, fevereiro de 2009.

Prof. Dr. Humberto Ávila
Professor de Direito Tributário da UFRGS
Livre-Docente em Direito Tributário pela USP
Doutor em Direito Tributário pela Universidade de Munique, Alemanha
Ex-Pesquisador Visitante das Universidades de Harvard, EUA,
Heidelberg e Bonn, Alemanha

Sumário

Introdução 15
1. Normas de competência tributária 19
   1.1. Os critérios constitucionais utilizados à delimitação das competências tributárias 19
   1.2. Classificação das normas de competência dos impostos 24
      1.2.1. Quanto à função: normas de estrutura 24
      1.2.2. Quanto à espécie: regras 29
      1.2.3. Quanto à hierarquia: normas superiores 32
2. Interpretação e conceitos constitucionais 37
   2.1. Interpretação dos textos jurídicos: o método de Karl Larenz 37
   2.2. Conceitos constitucionais: classificação 43
3. Competência tributária municipal 49
   3.1. O município e o federalismo brasileiro 49
   3.2. A autonomia dos municípios 53
   3.3. A autonomia dos municípios e a lei complementar nacional 55
4. A regra de competência do ISSQN 65
   4.1. A estrutura da regra de competência do ISSQN 65
   4.2. O conceito constitucional de serviço 67
      4.2.1. O sentido literal do signo "serviço" 67
      4.2.2. O signo "serviço" frente ao "contexto de significado" extraído da CRFB 71
      4.2.3. O signo "serviço" frente aos critérios teleológicos: o princípio da capacidade contributiva 77
      4.2.4. O resultado final da construção do conceito constitucional de serviço 79
   4.3. O papel da Lei Complementar para a definição dos "serviços de qualquer natureza" 79
5. Metodologia à prevenção e solução de conflitos de competência tributária ... 85
6. Conflitos entre Municípios e União: ISSQN *x* IPI e ISSQN *x* IOF 93
   6.1. ISSQN *x* IPI 93
      6.1.1. A regra de competência do IPI 93

 6.1.2. A distinção entre as materialidade do ISSQN e do IPI 96
6.2. ISSQN *x* IOF 100
 6.2.1. A regra de competência do IOF e a interpretação do signo
  "operações" 100
 6.2.2. A regra de competência do IOF/Crédito e sua distinção frente
  à materialidade do ISSQN 101
 6.2.3. A regra de competência do IOF/Câmbio e sua distinção frente à
  materialidade do ISSQN 105
 6.2.4. A regra de competência do IOF/Seguros e sua distinção frente à
  materialidade do ISSQN 107
 6.2.5. A regra de competência do IOF/Títulos e Valores Mobiliários e sua
  distinção frente à materialidade do ISSQN 108

7. Conflitos entre municípios e estados: ISSQN *x* ICMS 115
 7.1. A regra de competência do ICMS quanto às operações de circulação
  de mercadorias 116
 7.2. As possíveis convergências entre as materialidades do icms e do ISSQN . 122
  7.2.1. A tributação das "operações mistas" compostas por operações de
  circulação de mercadorias (obrigação de dar) e também por serviços
  (obrigação de fazer) não previstos na lista anexa à lei complementar
  de que trata o art. 156, III, CRFB 123
  7.2.2. A tributação das "operações mistas" compostas por operações de
  circulação de mercadorias (obrigação de dar) e também por
  atividades que se enquadrem no conceito constitucional de serviço
  e estejam previstas na lista anexa à lei complementar de que
  trata o art. 156, III, CRFB 126

8. Conflitos entre municípios: ISSQN *x* ISSQN 139

Conclusões 147

Referências bibliográficas 153

Introdução

Objeto de variadas e intensas discussões, busca o presente estudo analisar a regra de competência do ISSQN, construída pela interpretação do art. 156, III, da CRFB – tudo com a finalidade de confrontá-la com as normas de competência do IPI, do IOF e do ICMS. Para tanto, vale-se da doutrina nacional e estrangeira – além da jurisprudência das Cortes Superiores (STF e STJ), que coloca sob o crivo das conclusões científicas que propõe. Busca, assim, fazer o que Tércio Sampaio Ferraz Jr. chamou de analítica.[1]

No Capítulo I (Regras de Competência), serão examinados os diversos critérios de partição utilizados na divisão de competências tributárias e as características das normas de competência advindas da interpretação do texto constitucional, dando especial ênfase àquelas relativas aos impostos, as quais são classificadas sob três critérios: quanto à função, quanto à espécie normativa e quanto à hierarquia.

Passo seguinte, é apresentada no Capítulo II (Interpretação e Conceitos Constitucionais) a metodologia que irá guiar a interpretação do texto constitucional, adotada ao longo de todo o estudo na construção das normas de competência dos impostos – cuja origem

---

[1] "Como já sugerimos anteriormente, a teoria jurídica procura, nestes termos, construir uma *analítica*. Entendemos por *analítica* um procedimento que constitui uma análise. Análise, de um lado, é um *processo de decomposição* em que se parte de um todo, separando-o e especificando-o nas suas partes. O método analítico é, neste sentido, um exame discursivo que procede por distinções, classificações e sistematizações. De outro lado, análise significa *resolução* ou *solução regressiva*, que consiste em estabelecer uma cadeia de proposições, a partir de uma proposição que por suposição resolve o problema posto, remontando às condições da solução." (FERRAZ JR., Tércio Sampaio. *A Ciência do Direito*. 2ª ed. São Paulo: Atlas, 1980, p. 53).

remonta à obra de Karl Larenz. Exposto o *modus* a ser percorrido pelo intérprete quando da construção das normas de competência dos impostos, são trazidos os conceitos constitucionais resultantes do trabalho hermenêutico – que se dividem em conceitos autônomos e conceitos recepcionados.

O Capítulo III (Competência Tributária Municipal) tem como proposta analisar a competência tributária dos municípios em face do federalismo nacional. São expostas, aqui, as noções de federalismo simétrico e federalismo assimétrico, em seqüência sendo destacadas as peculiaridades que marcam o modelo nacional, no qual os municípios foram alçados à categoria de entidade pública dotada de autonomia (política, administrativa e financeira). Focando com maior interesse a autonomia financeira, é examinada a competência tributária municipal em face da legislação complementar nacional – principal meio de expressão da soberania no âmbito interno do Estado.

No Capítulo IV (Regra de Competência do ISSQN), ingressa-se, especificamente, no trato da regra de competência do ISSQN, que deve ser construída a partir da outorga de sentido ao signo "serviço" (conceito constitucional de serviço) e da atribuição de significado à expressão "definidos em lei complementar" – ambos constantes do art. 156, III, CRFB.

O Capítulo V (Metodologia à Prevenção e Solução de Conflitos de Competência Tributária) esboça o método proposto à solução de conflitos de competência que possam surgir frente à regra extraída do art. 156, III, CRFB. Estabelecendo três premissas básicas ao enfrentamento do tema (a necessidade da correta construção das respectivas regras de competência, a rigidez e exaustividade das materialidades dos impostos e a impossibilidade de decomposição dos fatos jurídicos que em tais materialidades se enquadrarem), este capítulo trará as bases teóricas que servirão, adiante, ao confronto do ISSQN com o IPI, o IOF e o ICMS.

Assentadas as bases pelas quais serão examinados os conflitos de competência tributária havidos em face da materialidade do ISSQN, ingressa o Capítulo VI (Conflito entre Municípios e União: ISSQN x IPI e ISSQN x IOF) nos pontos de aproximação que há entre o aludido imposto municipal e os impostos federais. O exame constitucional do tema propõe a delimitação dos campos de incidência de cada imposto, decorrente da generalização aparente no conseqüente das respectivas regras de competência.

No Capítulo VII (Conflito entre Municípios e Estados: ISSQN x ICMS), é examinado o critério material da hipótese de incidência do ICMS relativo a "operações de circulação de mercadorias", colocando-o, em seqüência, frente ao núcleo da incidência do ISSQN. Também são analisadas as atividades-mistas, compostas por obrigações de dar e obrigações de fazer, ao final sendo estabelecidos dois critérios de distinção necessários à eleição da regra de competência aplicável nas hipóteses em que os fatos contiverem as propriedades descritas nas generalizações dos dois impostos (grau de particularização e finalidade do fato tributável).

Por fim, no Capítulo VIII (Conflito de Competência entre Municípios: ISSQN x ISSQN), serão estudadas as disputas que podem surgir entre dois municípios e as soluções outorgadas pelo constituinte à legislação complementar nacional para a definição de tal questão – com especial atenção ao confronto que perdura entre as regras legais e a jurisprudência do Superior Tribunal de Justiça.

1. Normas de competência tributária

1.1. Os critérios constitucionais utilizados à delimitação das competências tributárias

A importância que têm as disposições constitucionais para o Direito Tributário vem sendo destacada pela mais abalizada doutrina há décadas. Geraldo Ataliba já referia, nos idos de 1960, a respeito do sistema constitucional tributário brasileiro, que em "matéria tributária tudo foi feito pelo constituinte, que afeiçoou integralmente o sistema, entregando-o pronto e acabado ao legislador ordinário, a quem cabe somente obedecê-lo, em nada podendo contribuir para plasmá-lo".[2] Feitas merecidas ressalvas, a lição do saudoso tributarista deixa clara a importância dos dispositivos constitucionais para o exame do Direito Tributário. A Constituição da República Federativa do Brasil dispõe a respeito de imunidades, da repartição de receitas, de princípios que regem a relação Fisco-contribuinte, etc. Entre todas essas disposições, contudo, destacam-se aquelas que tratam da discriminação[3] das competências tributárias – aqui entendida como a competência[4] para a edição de normas de imposição tributá-

---

[2] ATALIBA, Geraldo. *Sistema Constitucional Tributário Brasileiro*. São Paulo: Revista dos Tribunais, 1966, p. 21.

[3] "A discriminação rígida de tributos é o critério pelo qual se atribuem, rigidamente, através de exaustiva enumeração, fontes de receita a várias competências do mesmo Estado, a fim de lhes garantir autonomia política." (FALCÃO, Amílcar de Araújo. *Introdução ao Direito Tributário*. Rio de Janeiro: Editora Rio – Sociedade Cultural Ltda., 1976, p. 112).

[4] "La competencia puede describirse como un tipo especial de relevancia normativa de ciertas conductas dentro de un sistema normativo dado. (...) Una persona es competente para crear una norma cuando, dentro del sistema normativo de referencia, alguna de sus conductas tiene

ria (regra-matriz de incidência tributária).[5] Nelas o legislador constituinte traçou as diretrizes básicas do sistema tributário nacional, estabelecendo, com maior ou menor rigor, o âmbito de incidência dos tributos pertencentes a cada Ente Federado – salvo as excepcionais hipóteses relativas à competência residual da União (art. 154, I, CRFB). Segundo Roberto Catalano Ferraz, "a Constituição brasileira realiza discriminação de competência legislativa entre a União, os Estados, Distrito Federal e Municípios, adotando especialmente a técnica de indicar os contornos das hipóteses de incidência tributária que podem ser adotadas pela legislação instituidora dos tributos de cada uma dessas pessoas".[6] A bem da verdade, o legislador constituinte utilizou diversas técnicas para definir a competência à instituição de cada espécie tributária (impostos, taxas, contribuições de melhoria, contribuições e empréstimos compulsórios).[7]

---

por efecto la efectiva creación de la norma." (GUIBORG, Ricardo A. *Pensar en las normas*. Buenos Aires: Eudeba, 1999, p. 129/130). AULIS AARNIO refere que as normas de competência criam prerrogativas, declaram competências ou as limitam ("they create prerogatives, declare competence or limit it"), dizendo ainda mais: "when it was to do with the exercise of public power, one sometimes speaks about organization norms. They determine the content and the limites of the competence of the authorities" (AARNIO, Aulis. *Reason and authority: a treatise on the dynamic paradigm of legal dogmatics*. Cambridge: Dartmouth, 1997, p. 163).

[5] Há autores que diferenciam a competência tributária (em sentido estrito) relativa à criação de enunciados que tratem da regra-matriz de incidência tributária da competência tributária relativa à criação de enunciados que tratem de todo o resto das disposições tributárias (em sentido amplo): "Visando ordenar a exposição, passamos a designar por 'competência legislativo-tributária em sentido estrito' a autorização que as pessoas constitucionais recebem para a edição e a modificação das regras-matrizes de incidência tributária, instituidoras de seus respectivos tributos; e por 'competência legislativo-tributária em sentido amplo' a competência de que são dotadas as pessoas jurídicas de direito público interno, para a edição de todos os demais dispositivos normativos em matéria tributária." (MENDONÇA, Cristiane. *Competência tributária*. São Paulo: Quartier Latin, 2004, p. 105). No presente trabalho, as referências à "competência tributária" se referem à "competência legislativo-tributária em sentido estrito".

[6] FERRAZ, Roberto Catalano. *Contribuições especiais e empréstimos compulsórios: natureza e regime jurídico*. São Paulo: Resenha Tributária, 1992, p. 51.

[7] "Para atribuir e moldar as competências tributárias, a Constituição utiliza técnicas variadas. Com respeito às taxas e contribuições de melhoria, indica as atividades genéricas que ensejam a sua cobrança (o exercício do poder de polícia, a utilização, efetiva ou potencial, de serviços públicos específicos e divisíveis e a realização de obras públicas que impliquem valorização imobiliária), conferindo, no âmbito tributário, competências amplas a todos os entes políticos e delimitando-as mediante a repartição das competências político-administrativas. No concernente aos impostos, especifica as materialidades que podem ser tributadas por cada pessoa constitucional e atribui a competência residual à União. Quanto a certas contribuições pré-constitucionais (como as contribuições ao salário-educação, ao PIS/Pasep, ao Sesc, Senac, Sesi e Senai), confere competências de forma elíptica, restringindo-se a autorizar a continuidade da sua cobrança. Para a instituição de empréstimos compulsórios, indica situações que autorizam e finalidades que devem ser promovidas com os recursos angariados (atendimento de certas despesas extraordinárias e realização de investimentos públicos urgentes e nacionalmente relevantes). Já para a criação das contribuições especiais, a Constituição especifica as

Quanto aos impostos, exemplo maior dos chamados tributos não-vinculados,[8] as normas de competência apontam os respectivos critérios materiais[9] – salvo, como já referido, a excepcional norma de competência residual da União (art. 154, I, CRFB). As normas de competência descrevem os fatos sobre os quais poderá recair cada um dos impostos.[10] O legislador infraconstitucional, ao enunciar a regra-matriz de incidência tributária de qualquer dos impostos nominados na Constituição da República Federativa do Brasil, deverá fazê-lo sempre observando o critério material indicado na respectiva norma de competência. Roque Antônio Carrazza afirma que "a partilha entre a União, os Estados, os Municípios e o Distrito Federal,

---

finalidades que devem ser perseguidas, a exemplo do que ocorre com os empréstimos compulsórios, e freqüentemente lança mão da técnica empregada para os impostos, indicando o seu objeto, o fato que pode ser tributado, isto é, a sua base econômica." (PAULSEN, Leandro e VELLOSO, Andrei Pitten. *Controle das contribuições interventivas e sociais pela sua base econômica: a descurada especificação do seu objeto pela EC 33/01 e os seus reflexos tributários*. Revista Dialética de Direito Tributário, n. 149, fev/08, p. 18).

[8] "Examinando-se e comparando-se todas as legislações existentes – quanto à hipótese de incidência – verificamos que, em todos os casos, o seu aspecto material, das duas, uma, a) ou consiste numa atividade do poder público (ou numa repercussão desta) ou, pelo contrário, b) consiste num fato ou acontecimento inteiramente indiferente a qualquer atividade estatal. Esta verificação permite classificar todos os tributos, pois – segundo o aspecto material de sua hipótese de incidência consiste ou não no desempenho de uma atividade estatal – em tributos vinculados e tributos não vinculados." (ATALIBA, Geraldo. *Hipótese de incidência tributária*. 6ª ed. São Paulo: Malheiros, 2002, p. 130).

[9] Elucidando o significado de critério material da hipótese tributária, eis a lição de PAULO DE BARROS CARVALHO: "O critério material ou objetivo da hipótese tributária resume-se, como dissemos, no comportamento de alguém (pessoa física ou jurídica), consistente num ser, num dar ou num fazer e obtido mediante processo de abstração da hipótese tributária, vale dizer, sem considerarmos os condicionantes de tempo e de lugar (critérios temporal e espacial)." (CARVALHO, Paulo de Barros. *Teoria da norma tributária*. São Paulo: Max Limonad, 2002, p. 129/130).

[10] "O Sistema Tributário Nacional determina, no art. 153 e seguintes, quais tributos podem ser instituídos pela União, pelos Estados e pelos Municípios. O importante é que a Constituição não apenas define as hipóteses de incidência, mas também predetermina o conteúdo material para o exercício da competência." (ÁVILA, Humberto. *Sistema Constitucional Tributário: de acordo com a emenda constitucional n. 53, de 19.12.06*. São Paulo: Saraiva, 2008, p. 110/111). "O principal critério utilizado pelo constituinte para proceder à repartição de competências impositivas é o material, ou seja, o que leva em conta a materialidade da hipótese de incidência dos diversos tributos possíveis de serem criados. Separam-se, assim, as matérias passíveis de tributação, entregando parcelas, em caráter exclusivo, às diversas pessoas políticas (União, Estados, Distrito Federal e Municípios). Em matéria de impostos, todas as competências tributárias impositivas estão expressamente previstas no texto constitucional. Algumas delas perfeitamente identificadas por meio da menção das materialidades das respectivas hipóteses de incidência, como, por exemplo, nos artigos 153, 155 e 156 da Constituição. As demais encontram-se albergadas pela chamada competência residual, a que faz menção o artigo 154, I, da Constituição, e que foi outorgada à União." (GONÇALVES, José Arthur Lima. "O ISS, a Lei Complementar n. 116/03 e os Contratos de Franquia". *In* ROCHA, Valdir de Oliveira (coord.). *Grandes Questões Atuais do Direito Tributário* 8º vol., São Paulo: Dialética, 2004, p. 279).

das competências para criar impostos (competências impositivas), foi levada a cabo de acordo com um critério material".[11] O legislador federal, ao criar a lei que instituirá o imposto sobre a renda, por exemplo, não poderá desbordar do quanto estabelecido pelo art. 153, III, CRFB. O estadual, ao legislar sobre o ICMS, deverá ter presente, os limites materiais que lhe foram impostos pelo art. 155, II e § 2º, da CRFB. Por outras palavras: não poderá o legislador infraconstitucional avançar sobre fatos diversos daqueles estabelecidos pelo constituinte como passíveis de tributação nos enunciados das normas de competência dos impostos, sob pena de inconstitucionalidade. Fundamental verificar, por fim, que as regras de competência dos impostos, ao discriminar as respectivas materialidades, o fazem apontando a fatos jurídicos, e não a fatos sociais ou socioeconômicos (eventos). A prestação de serviços é fato jurídico regulado pelo Direito Civil, como também o são a doação e a transferência imobiliária. De nada importa à aplicação das normas de competência tributária os fatos sociais (eventos). A ela importa, sim, a verificação da ocorrência do fato jurídico cuja descrição foi apontada em seu conseqüente.

Os chamados tributos vinculados, por sua vez, competem ao Ente Político cuja atuação servirá de causa à contraprestação pecuniária por parte dos cidadãos. Ex: a contribuição de melhoria a ser paga por uma obra realizada pela União será de competência da própria União, como também a instituição das taxas cobradas pelo exercício do poder de polícia por determinado Estado a ele próprio competirá.

Para Luciano da Silva Amaro:

> A questão reside em que, para os tributos cuja exigência depende de determinada *atuação estatal*, referível ao contribuinte, o *critério de partilha* se conecta com essa atuação: quem estiver desempenhando legitimamente tem competência para cobrar o tributo (taxa, pedágio e contribuição de melhoria). Tais tributos são outorgados, pois, à competência das diversas pessoas políticas (União, Estados, Distrito Federal e Municípios). Se se tratar de contribuição de melhoria relativa a obra federal, a competência é da União. Se o Estado exerce o poder de polícia em certa hipótese, dele é a competência. Ou seja, o exercício da competência, nessas situações, fundamenta-se na prestação que lastreia o tributo (serviço público, poder de polícia, via pública que o Poder Público conserva e o indivíduo utiliza, ou realização de obra

---

[11] CARRAZZA, Roque Antônio. *Curso de Direito Constitucional Tributário*. 24ª ed. São Paulo: Malheiros, 2008, p. 632.

pública). Quanto aos tributos que *não dependem de determinada atuação do Estado* (como se dá em geral com os impostos) o *critério de partilha* se apoia na *tipificação de situações materiais* ("fatos geradores") que servirão de suporte para a incidência: "renda", "importação de produtos", "transmissão *causa mortis* de bens", "prestação de serviços de qualquer natureza", são alguns dos tipos identificados pela Constituição e partilhados entre os vários entes políticos.[12]

Já os empréstimos compulsórios, por expressa disposição constitucional (art. 148, CRFB), serão de competência da União – a instituição de empréstimos compulsórios ficou excluída da competência tributária dos Estados, do Distrito Federal e dos Municípios. Em razão disso, não há maior preocupação com a delimitação de seu campo de incidência, bastando que ocorram as (excepcionais) circunstâncias previstas no art. 148 da CRFB, que o legislador infraconstitucional estabeleça que o produto arrecadado seja destinado à despesa que serve de justificativa à criação do empréstimo e que haja previsão de que tal valor seja a tempo e modo devolvido ao contribuinte.

Por fim, a instituição das chamadas contribuições pode competir tanto à União (art. 149, *caput*, CRFB) como também aos Estados, Distrito Federal e Municípios (art. 149, § 1º, CRFB). Marco essencial das contribuições, necessitam elas de previsão legal quanto à destinação específica do produto de sua arrecadação. Em vez de definir a competência a partir do apontamento de determinados fatos jurídico-econômicos (impostos), da vinculação à atividade estatal que se busca remunerar (taxas e contribuições de melhoria) ou pela exigência de que o valor arrecadado seja posteriormente devolvido ao contribuinte (empréstimos compulsórios), a técnica utilizada à definição da competência relativa às contribuições é mista: em algumas hipóteses o constituinte apenas indicou as finalidades que busca alcançar (contribuições de intervenção no domínio econômico e de interesse das categorias profissionais e econômicas),[13] nou-

---

[12] AMARO, Luciano da Silva. *Direito Tributário Brasileiro*. 13ª ed. São Paulo: Saraiva, 2007, p. 96-97.

[13] "No art. 149 da Constituição, que fundamenta a validade de grande parte das contribuições vigentes, não há indicação de materialidade." (GAMA, Tácio Lacerda. *Contribuições especiais: natureza e regime jurídico*. In Curso de Especialização em Direito Tributário: Estudos Analíticos em Homenagem a Paulo de Barros Carvalho. Coordenador. Eurico Marcos Diniz de Santi. Rio de Janeiro: Forense, 2005, p. 1.149). "Pois bem, em seu art. 149, a Constituição não apontou a regra-matriz destas 'contribuições', antes, contentou-se em indicar as *finalidades* que devem atingir, a saber: a) a intervenção no domínio econômico; b) o interesse de categorias profissionais ou econômicas; e c) o custeio da seguridade social. Notamos, pois, que as 'contribuições'

tras apontou determinados fatos e vinculou-os a certas finalidades (contribuições sociais).[14] Em qualquer dos casos, por ter conferido à finalidade tamanha importância, a ponto de utilizá-la como critério a justificar a autonomia das contribuições como espécie tributária, o constituinte exigiu que o legislador infraconstitucional, ao editar as respectivas normas tributárias, o faça com o acréscimo de que o valor arrecadado deverá ter destinação específica, servindo aos fins constitucionalmente estabelecidos.

Por razões metodológicas e também por consideração à especificidade do objeto do presente estudo, a seguir passar-se-á ao exame das normas de competência tributária dos impostos, exclusivamente – deixando-se, assim, de examinar as normas de competência relativas às demais espécies tributárias, elaboradas com base em critérios diversos, como visto.

1.2. Classificação das normas de competência dos impostos

1.2.1. Quanto à função: normas de estrutura

Dividem-se as normas jurídicas, quanto à função que exercem, em normas de comportamento e normas de estrutura.[15]

---

ora em exame não foram qualificadas, em nível constitucional, por suas regras-matrizes, mas, sim, por suas *finalidades*." (CARRAZZA, Roque. *Curso de Direito Constitucional Tributário*. 24ª ed. São Paulo: Malheiros, 2008, p. 577). "No artigo 149, as contribuições (sociais, no interesse de categoria profissional e de intervenção no domínio econômico) são definidas como instrumento de atuação da União nas respectivas áreas, e não há indicação do respectivo fato gerador (sem entrar aqui no debate quanto à natureza jurídica da figura). Esta é uma norma atributiva de competência ('compete à União instituir contribuições') *para que* haja intervenção, *para que* se atenda ao interesse de categorias e *para que* sejam satisfeitas certas finalidades sociais. Está qualificado o resultado, de modo que o legislador pode instituir a figura desde que seja com esta finalidade. Está qualificado o *para quê* (finalidade) e não o *porquê* existe renda ou propriedade (causa)". (GRECO, Marco Aurélio. *Planejamento Tributário*. São Paulo: Dialética, 2004, p. 133).

[14] "O essencial é que a instituição de contribuições sociais não apenas depende da existência de fatos econômicos (pagamento de remunerações, auferimento de receitas e obtenção de lucros), mas, também, da destinação legal do produto arrecadado." (ÁVILA, Humberto. *Sistema Constitucional Tributário: de acordo com a emenda constitucional n. 53, de 19.12.06*. São Paulo: Saraiva, 2008, p. 257).

[15] HART denomina as normas de estrutura de *normas secundárias* e as normas de comportamento de *normas primárias*. Ver HART, H.L.A. *Conceito de direito*, 3ª ed. Lisboa: Fundação Calouste Gulbenkian, 2001, p. 91.

Normas de comportamento são aquelas "diretamente voltadas para a conduta das pessoas, nas relações de intersubjetividade" e normas de estrutura as que "dirigem-se igualmente para as condutas interpessoais, tendo por objeto, porém, os comportamentos relacionados à produção de novas unidades deôntico-jurídicas, motivo pelo qual dispõem sobre órgãos, procedimentos e estatuem de que modo as regras devem ser criadas, transformadas ou expulsas do sistema".[16] Para Norberto Bobbio, normas de estrutura "se pueden considerar también como las normas para la producción jurídica, o sea, las normas que regulan los procedimientos de reglamentación jurídica, es decir, normas que no regulan un comportamiento, sino el modo de regular um comportamiento, o, más exactamente, el comportamiento que regulan és el de la producción de las reglas".[17] As normas de estrutura podem prescrever exigências formais (ritos, procedimentos) e/ou exigências materiais (relativas ao conteúdo das normas de comportamento que serão criadas).[18]

---

[16] CARVALHO, Paulo de Barros. *Curso de Direito Tributário*, 20ª ed. São Paulo: Saraiva, 2008, p. 154. Segundo MIGUEL REALE: "Na classe das regras que disciplinam as formas de atividade e de conduta, que abrangem tanto a atividade do Estado como os comportamentos individuais, mister é destacar as *regras de conduta*, que são propriamente aquelas que têm os indivíduos como seus destinatários." (REALE, Miguel. *Lições Preliminares de Direito*. 19ª ed. São Paulo: Saraiva, 1991, p. 100).

[17] BOBBIO, Norberto. *Teoria General del Derecho*. 2ª ed. Bogotá: Editorial Témis S/A, 2005, p. 159. Acolhendo como sua a lição do mestre italiano: SANTI, Eurico Marcos Diniz de. *Lançamento tributário*. 2ª ed. São Paulo: Max Limonad, 2001, p. 60.

[18] RICCARDO GUASTINI divide as normas de estrutura (que chama de "normas sobre la producción jurídica") em cinco sub-espécies: "La clase de las normas sobre la producción jurídica incluye (al menos) cinco subclases: 1) Normas que confieren poderes (en sentido estricto): me refiero a aquellas normas que adscriben un poder normativo a un determinado sujeto o, más precisamente, el poder de crear un determinado tipo de fuente del derecho – caracterizada por un determinado *nomen iuris* y por un régimen jurídico igualmente determinado – de forma que ningún otro sujeto está habilitado para crear aquel tipo de fuente. 2) Normas procedimentales: normas que regulan las modalidades de ejercicio del poder normativo conferido, es decir, los procedimientos para crear las fuentes del derecho en cuestión. 3) Normas que circunscriben el ámbito del poder conferido, determinan qué materias se pueden regular con el poder (o las fuentes del derecho) en cuestión. 4) Normas que reservan una determinada materia a cierta fuente, de modo que: a) ninguna otra fuente está habilitada para regular esa materia; y b) la fuente a favor de la que se establece la reserva no está autorizada para delegar la regulación de la materia en cuestión a otras fuentes. 5) Normas relativas al propio contenido de la regulación futura: en particular, normas que ordenan o prohíben (a veces de forma indirecta) al legislador de dictar leyes previstas de un determinado contenido. Por ejemplo: las normas constitucionales que prohíben al legislador el dictado de leyes penales retroactivas o de leyes discriminatorias (obsérvese que también se incluyen en esta clase las disposiciones constitucionales que confieren derechos de liberdad a los ciudadanos)." (GUASTINI, Riccardo. *Distinguiendo: estúdios de teoria y metateoría del derecho*. Barcelona: Gedisa, 1999, p. 309/310).

Frente a tal classificação, as normas de competência tributária mostram-se típicas normas de estrutura, nas quais o legislador constituinte outorga a certa pessoa política o poder de tributar determinados fatos através da criação de normas de comportamento (normas de imposição tributária ou regras-matrizes de incidência tributária).[19]

Conforme afirma Alf Ross:

> Toda norma de competência define um ato jurídico, quer dizer, indica as condições para o estabelecimento do direito vigente. Essas condições podem ser divididas em três grupos, os quais determinam: 1º) o órgão competente para realizar o ato jurídico (competência pessoal); 2º) o procedimento (competência formal) e 3º) o conteúdo possível do ato jurídico (competência material).[20]

Seguindo a trilha esboçada por Alf Ross, parece-nos que as normas de competência dos impostos detêm parte das características referidas. Elas determinam o conteúdo da norma de comportamento a ser criada e a pessoa política habilitada a sua criação. Não nos parece, contudo, que as normas de competência tributária indiquem o órgão competente ou o procedimento adequado. As exigências de órgão e/ou procedimento advêm de normas outras (ex: art. 150, I a III, CRFB), que indicarão a validade ou invalidade das normas de comportamento em razão de sua compatibilidade ou incompatibilidade com todo o sistema normativo[21] – em especial com normas de superior hierarquia.

As normas de competência tributária em geral e as dos impostos em especial, oriundas dos diversos incisos de cada qual dentre os arts. 153 e 156 da CRFB/88 (salvo a hipótese da chamada competência residual da União – art. 154, I, CRFB), tanto limitam o conteúdo da norma de imposição tributária (norma de comportamento) como também indicam a pessoa política habilitada a editar os enunciados de onde será extraída a referida norma comportamental. Não

---

[19] "Pois bem, a regra-matriz de incidência tributária é, por excelência, uma regra de comportamento, preordenada que está a disciplinar a conduta do sujeito devedor da prestação fiscal, perante o sujeito pretensor, titular do direito de crédito." (CARVALHO, Paulo de Barros. *Curso de Direito Tributário*, 20ª ed. São Paulo: Saraiva, 2008, p. 278).

[20] ROSS, Alf. *Direito e Justiça*. Trad. Edson Bini. São Paulo: Edipro, 2003, p. 242.

[21] "A compreensão global do sistema e de cada um de seus elementos é condicional à correta exegese das normas que o compõem e exata inteligência dos critérios da solução de cada questão concreta que se coloque diante do intérprete." (ATALIBA, Geraldo. "Normas gerais de direito financeiro". *Revista de Direito Público* n. 10, outubro-dezembro de 1969, p. 48).

trazem, porém, qualquer exigência a respeito do órgão que deverá exercer tal função dentro do âmbito da pessoa política constitucionalmente habilitada ou dos demais procedimentos que deverão ser adotados. Tais exigências advêm de outras normas constitucionais, que com as normas de competência não se confundem. Veja-se, por exemplo, que o Estado do Rio Grande do Sul não deixará de ser competente à instituição e cobrança de ICMS acaso tenha editado, através de sua Administração, ao arrepio do art. 150, I, da CRFB, uma portaria que estabeleça os contornos da respectiva norma de imposição tributária nas hipóteses de comercialização de mercadorias. As normas advindas de tal portaria serão inconstitucionais, mas não por ofensa à respectiva norma de competência (art. 155, II, e § 2º, da CRFB) – mas, sim, por violação ao chamado princípio da estrita legalidade[22] disposto no art. 150, I, da CRFB/88. O fato de as normas vindas do Poder Executivo violarem a exigência de lei em sentido estrito não torna o Estado do Rio Grande do Sul incompetente para a cobrança de ICMS nas hipóteses de circulação de mercadorias; apenas as invalida por utilização de veículo introdutor diverso daquele determinado por outra norma constitucional, diversa da norma de competência tributária.

Também não se extrai das normas de competência tributária dos impostos exigências quanto ao procedimento de criação das normas de comportamento (normas de imposição tributária). Tais exigências advêm de outros dispositivos constitucionais, que estabelecem, por exemplo, o *quorum* necessário à aprovação de leis complementares e de leis ordinárias (arts. 47 e 69 da CRFB).

Importa ao presente trabalho, portanto, a análise dos enunciados constitucionais dos quais são extraídas as normas de competência tributária relativas à criação de impostos, nas quais está indicada a pessoa política habilitada à edição das normas de imposição tributária (normas de comportamento) e de onde é extraído o núcleo das respectivas hipóteses de incidência. Tais dispositivos destinam[23]

---

[22] Ver CASÁS, José Osvaldo. "El principio de legalidade em materia tributaria". *in* TORRES, Heleno Taveira (coord.). *Tratado de direito constitucional tributário: estudos em homenagem a Paulo de Barros Carvalho*. São Paulo: Saraiva, 2005, p. 197.

[23] "Secondly, by allocating power to some agents and away from others, rules can also allocate power horizontally, determining who, at a given slice of time, is to determine what." (SCHAUER, Frederick. *Plaiyng by the rules: a philosofical examination of rule-based decision-making in law and in life*. Claredon: Oxford, 2002, p. 161).

a cada pessoa política dentre aquelas definidas no art. 145 da CRFB quotas do poder de tributar cuja titularidade é de toda a Nação e foi partilhado pelo constituinte originário.[24] Servem, assim, não só para instituir, mas, também, para delimitar a competência dos entes políticos, ditando os fatos que cada um poderá indicar no antecedente das normas de imposição tributária (regras-matrizes de incidência tributária). Permitem,[25] dessa forma, que a União, os Estados, o Distrito Federal e os Municípios criem, dentro de certos limites de conteúdo, enunciados de onde serão extraídas as regras-matrizes de incidência tributária dos impostos. São, portanto, típicas normas de estrutura.[26]

---

[24] "1.1 Competência é uma forma de poder jurídico, isto é, de exercício impositivo de comportamentos e relação de autoridade regulado por normas. Enquanto poder jurídico, competência pode ser entendida, especificamente, como capacidade juridicamente estabelecida de criar normas jurídicas (ou efeitos jurídicos) por meio e de acordo com certos enunciados." (FERRAZ JR., Tércio Sampaio. "Competência tributária municipal". *In Direito Tributário Atual*, vol. 11/12, São Paulo: Resenha Tributária, 1992, p. 3.069). "Em boa técnica, não se deve dizer que as pessoas políticas têm, no Brasil, poder tributário. *Poder tributário* tinha a Assembléia Nacional Constituinte, que era soberana." (CARRAZZA, Roque. Op. cit., p. 329).

[25] Parece de todo inegável que as normas de competência dos impostos servem-se do modal deôntico "permitido" – segundo a lição de LOURIVAL VILANOVA "o conectivo dever-ser triparte-se em três relacionais específicos: obrigatório (O), proibido (V) e permitido (P)" (VILANOVA, Lourival. *As estruturas lógicas e o sistema do direito positivo*. São Paulo: Max Limonad, 1997, p. 78). Isso não significa, contudo, que não tenham, também, certa carga proibitória, porquanto impedem que os demais Entes Políticos exerçam a competência que tais normas atribuem de forma exclusiva a apenas um deles.

[26] "Nesse sentido, as normas constitucionais que outorgam competência impositiva às pessoas políticas de direito público interno caracterizam-se como normas de estrutura, porque veiculam comandos dirigidos ao produtor das normas jurídicas de tributação (normas de comportamento), para efeito de explicitar-lhe o procedimento a ser observado e o próprio conteúdo material do produto a ser legislado. Deveras, a Constituição limita material e formalmente a atividade do legislador ordinário e complementar, condicionando a validade das normas de tributação à sua conformidade às normas de estrutura que lhes sejam correlatas, seja no que concerne ao procedimento legislativo observado para sua instituição, seja em atenção ao conteúdo material constitucionalmente autorizado." (MARQUES, Marcio Severo. *Classificação constitucional dos tributos*. São Paulo: Max Limonad, 2002, p. 94-95). Por outras palavras: "Enquanto regras de estrutura, as normas atributivas de competência conferem às diferentes pessoas políticas poderes para introduzir regras de comportamento, as regras impositivas, além de estabelecerem condições sob as quais essa introdução pode ocorrer. Não regulam diretamente comportamentos humanos, mas o modo de regular comportamentos; regem a produção jurídica, o modo pelo qual se devem produzir normas." (VELLOSO, Andrei Pitten. *Conceitos e competências tributárias*. São Paulo: Dialética, 2005, p. 165).

1.2.2. Quanto à espécie: regras

Dividem-se as normas jurídicas entre regras e princípios,[27] cabendo examinar, aqui, em qual dessas espécies normativas as normas de competência tributária dos impostos se enquadram. Podemos adiantar, desde logo, que tais normas se tratam de verdadeiras regras. Segundo a precisa lição de Humberto Ávila:

> Regras são normas imediatamente descritivas, primariamente retrospectivas e com pretensão de decidibilidade e abrangência, para cuja aplicação se exige a avaliação da correspondência, sempre centrada na finalidade que lhes dá suporte ou nos princípios que lhes são axiologicamente sobrejacentes, entre a construção conceitual da descrição normativa e a construção conceitual dos fatos.[28]

As normas de competência dos impostos são imediatamente descritivas, tendo implícita em seu antecedente a descrição da simples existência do respectivo Ente Político e no seu conseqüente a permissão para que ele institua, dentro de certos limites conteudísticos, determinados tributos. Ousamos discordar, aqui, do entendimento de Paulo de Barros Carvalho, para quem as normas de competência tributária têm em seu antecedente a existência do órgão legislativo e não apenas da pessoa política de direito constitucional.[29] Consoante já dito, a competência tributária é conferida a cada categoria dentre aquelas relativas às pessoas jurídicas de direito constitucional indicadas no art. 145 da Magna Carta (União, Estados, Distrito Federal e Municípios) –, e não aos respectivos Órgãos Legislativos. Existindo a pessoa política de direito constitucional, deve ser permitida a ins-

---

[27] "Os *principles* são realidades heterogêneas em relação às [regras], mas são complementares a elas no ordenamento jurídico: as regras são válidas enquanto normas estabelecidas, e podem ser mudadas somente por força de uma deliberação, enquanto os princípios são válidos enquanto correspondem a exigências morais sentidas num período específico, e seu peso relativo pode mudar no decorrer do tempo. Os tribunais devem recorrer a estes últimos para resolver os casos difíceis (hard cases), aos quais não seria possível aplicar uma regra sem cometer uma injustiça." (FARALLI, Carla. *A filosofia contemporânea do direito: temas e desafios*. São Paulo: Martins Fontes, 2006, p. 4). Parece-nos cabível distinguir as normas jurídicas (regras e princípios) das metanormas jurídicas (postulados). Segundo HUMBERTO ÁVILA, os postulados "qualificam-se como normas sobre a aplicação de outras normas, isto é, como metanormas." (*Sistema Constitucional Tributário: de acordo com a emenda constitucional n. 53, de 19.12.06*. São Paulo: Saraiva, 2008, p. 41).

[28] ÁVILA, Humberto. *Teoria dos Princípios: da definição à aplicação dos princípios jurídicos*. 4ª ed., São Paulo: Malheiros, 2006, p. 78.

[29] "Regra de estrutura: *Antecedente*: dado o fato da existência do órgão legislativo municipal. *Conseqüente*: deve ser a competência para que esse órgão edite normas sobre o ISSQN." (CARVALHO, Paulo de Barros. *Direito tributário: fundamentos jurídicos da incidência*. 3ª ed. São Paulo: Saraiva, 2004, p. 39).

tituição de normas de imputação do imposto, limitadas à materialidade indicada na regra de competência disposta na Constituição.[30] Eventuais exigências outras também dispostas na própria Constituição (ex: veiculação da norma de imposição tributária por lei), não afetam a competência tributária – não integram a norma de competência tributária.

Conquanto não tragam em si exigências formais, indicando, apenas, a pessoa política habilitada e os limites do conteúdo da norma de comportamento que permitem criar, as normas de competência tributária dos impostos conferem e também delimitam a competência do ente tributante.[31] Por exemplo: em razão de sua simples existência, podem os Estados criar normas de imputação do ICMS – desde que dentro dos limites estabelecidos pelo art. 155, II, CRFB.

As regras têm, ainda, pretensão de decidibilidade e abrangência.[32] Significa isso que tais normas não são preteríveis pelo aplicador – salvo raríssimas hipóteses de superação.[33] Verificada a correspondência entre o conceito do fato e o conceito da descrição do antecedente ou hipótese das regras,[34] elas devem ser aplicadas. Por tal

---

[30] Nesse sentido: MENDONÇA, Cristiane. *Competência tributária*. São Paulo: Quartier Latin, 2004, p. 108.

[31] "Verifica-se, assim, a efetiva distinção entre normas de estrutura e normas de comportamento. As primeiras delimitando o conteúdo material (*autoridade competente* ou *competência da autoridade*) e/ou estabelecendo o procedimento formal a ser observado para a válida edição destas últimas." (MARQUES, Márcio Severo. "Espécies Tributárias" in SANTI, Eurico Marcos Diniz de. (coord.) *Curso de Especialização em Direito Tributário: Estudos analíticos em homenagem a Paulo de Barros Carvalho*. Rio de Janeiro: Forense, 2005, p. 42). HELENO TAVEIRA TORRES também discorre a respeito da prévia delimitação das materialidades tributárias pelas normas de competência trazidas pelo texto constitucional: "Para imprimir rigor de compromisso com a legalidade material, a Constituição prescreve, no seu art. 150, ser vedado à União, aos Estados, ao Distrito Federal e aos Municípios: I – *exigir ou aumentar tributo sem lei que o estabeleça.*" Reforça-o ainda mais ao eleger, previamente, todas as materialidades que definem as competências impositivas das pessoas de direito público interno da federação (...)" (TORRES, Heleno Taveira. "Interpretação e integração das normas tributárias – reflexões críticas". *In* TORRES, Heleno Taveira (coord.) *Tratado de Direito Constitucional Tributário*. São Paulo: Saraiva, 2005, p. 126).

[32] "The most important characteristic of a serious rule, as we use the term, is that it purports to state a prescription applicable to every case that falls within the rule's factual predicate or hypothesis." (ALEXANDER, Larry. SHERWIN, Emily. The rule of rules: morality, rules and the dilemmas of law. Duke University Press, 2001, p. 27).

[33] No que tange à superação de regras, ver ÁVILA, Humberto. *Teoria dos Princípios: da definição à aplicação dos princípios jurídicos*. 4ª .ed., São Paulo: Malheiros, p. 112.

[34] "A hipótese de incidência normativa – e, como ela, a hipótese de incidência tributária – é, portanto, a descrição legal de um fato. Constitui formulação hipotética, prévia e genérica, disposta em lei, de um determinado fato. É um arquétipo legal, como diria J.M. Teran; um modelo, na categorização de Lourival Villanova. Daí a noção de *fattispecie* do discurso jurídico

razão, existindo a pessoa política de que trata a norma de competência tributária, salvo a extraordinária ocorrência das hipóteses do art. 154, II, CRFB,[35] elas deverão ser aplicadas, permitindo, assim, a criação das respectivas normas de comportamento. Nessa linha, é possível afirmar que as regras de competência têm bem acentuada tal característica, sendo, dessa forma, normas quase insuperáveis.[36] Frente ao perfeito enquadramento do conceito do fato na descrição da regra de competência, não há como negar-lhe aplicação e/ou invocar outra norma em seu lugar – seja regra, seja princípio. Por exemplo: verificada a existência do Estado do Rio Grande do Sul, não se pode afastar a aplicação da regra disposta no art. 155, II e § 2º, da CRFB, que lhe outorga competência para a instituição de ICMS sobre, *v.g.*, operações de circulação de mercadorias realizadas em seu território – por óbvio, aquelas não atingidas por regras de imunidade.[37] Aos que adotam a distinção entre regras com caráter *prima facie* e regras com caráter definitivo, diríamos, com apoio na doutrina de Andrei Pitten Velloso,[38] que as regras de competência dos impostos seriam definitivas. Preferimos, contudo, na linha de Jaap

---

italiano. Daí a inovação do reflexo de uma imagem no espelho, do notável Albert Hensel. É, de conseguinte, um simples conceito; como tal, necessariamente abstrato. Simples 'conceito legal'; mera 'previsão legal' de um fato." (ATALIBA, Geraldo; GIARDINO, Cléber. "Imposto sobre Operações Financeiras", *Revista de Direito Tributário* n. 13-14, p. 240).

[35] "Art. 154. A União poderá instituir: II – na iminência ou no caso de guerra externa, impostos extraordinários, compreendidos ou não em sua competência tributária, os quais serão suprimidos gradativamente, cessadas as causas de sua criação."

[36] Não é demais esclarecer que a não-tributação decorrente de normas de imunidade não é caso de superação das regras de competência. Trata-se, para alguns, de conflito de regras, onde prevalecerá a norma de exceção (imunidade). Para outros, trata-se de composição de uma só norma de estrutura através de interpretação sistemática que parte de ambos os artigos constitucionais – aquele que dá origem à competência e aquele que dá origem à imunidade.

[37] Normas de imunidade, a exemplo das normas de competência, são regras de estrutura, cujo papel é proibir ao legislador infraconstitucional a criação de enunciados prescritivos a respeito de determinados fatos. Nessa linha, afirma CLELIO CHIESA: "As normas jurídicas que contemplam hipóteses de imunidade estão contidas na Constituição Federal e dirigem-se aos legisladores das pessoas políticas de direito constitucional interno, determinando que se abstenham de instituir tributos sobre determinadas situações, bens ou pessoas. São normas que, juntamente com as de competência, delineiam o campo impositivo dos entes tributantes. (...) Vê-se, portanto, que as normas que contemplam hipóteses de imunidades caracterizam-se como normas de estrutura, pois não se reportam diretamente à conduta humana, dirigem-se ao legislador das pessoas políticas de direito constitucional interno, delimitando seu campo impositivo." (CHIESA, Clélio. "Imunidades e normas gerais de direito tributário". *In* SANTI, Eurico Marcos Diniz de (coord.). *Curso de Especialização em Direito Tributário: Estudos Analíticos em Homenagem a Paulo de Barros Carvalho.* Rio de Janeiro: Forense, 2005, p. 925).

[38] "As regras atributivas de competências tributarias não possuem caráter *prima facie*, mas definitivo, o que inviabiliza a sua preterição por princípios e argumentos antagônicos." (VELLOSO, Andrei Pitten. *Conceitos e competências tributárias.* São Paulo, Dialética, 2005, p. 160).

Hage,[39] dizer que as regras de competência dos impostos são razões definitivas a sua própria aplicação e (portanto) à ocorrência de seu conseqüente – e não meramente razões contributivas.[40]

Por fim, a caracterização das normas de competência tributária dos impostos como regra também se evidencia a partir de seu modo de aplicação. Ao revés dos princípios, que são "normas imediatamente finalísticas" e cuja aplicação "demanda uma avaliação da correlação entre o estado de coisas a ser promovido e os efeitos decorrentes da conduta havida como necessária à sua promoção",[41] a aplicação das regras exige apenas um exame a respeito da correspondência entre o conceito do fato ocorrido e o conceito da hipótese normativa. No caso das normas de competência dos impostos, como visto, em seu antecedente consta um fato simples: a existência da pessoa política a que foi outorgada competência. Portanto, ante a existência de tal pessoa, deve ser aplicada a norma de competência, cujo conseqüente permitirá a instituição de determinado tributo nos limites da materialidade constitucionalmente delimitada. Interessante destacar que a materialidade dos impostos se encontra descrita no conseqüente das respectivas normas de competência e no antecedente das futuras normas de imposição tributária (regra-matriz de incidência tributária).

1.2.3. Quanto à hierarquia: normas superiores

Não há como descurar, ademais, da classificação das normas de competência tributária quanto à hierarquia. No que toca ao sistema jurídico tributário brasileiro, mostra-se desnecessário maior esforço a demonstrar que, tendo como origem o texto constitucional,

---

[39] "Decisive reasons are concrete reasons that determine their conclusions. If a decisive reason for a conclusion obtains, the conclusion also obtains. (...) Just like decisive reasons, contributive reasons are concrete reasons. In opposition to decisive reasons, contributing reasons do not determine their conclusions by themselves. There can both be contributive reasons that plead for, and contributive reasons that plead against a particular conclusion." (HAGE, Jaap. *Studies in legal logic*, Netherlands: Springer, 2005, p. 78-79).

[40] Por outras palavras, refere HUMBERTO ÁVILA: "Não ocioso relembrar que a Constituição Federal de 1988 optou por atribuir poder aos entes políticos por meio de regras, as quais estabelecem, por sua própria natureza, razões que afastam a livre ponderação de valores por parte do Estado no exercício de suas competências." (ÁVILA, Humberto. *Sistema Constitucional Tributário: de acordo com a emenda constitucional n. 53, de 19.12.06*. São Paulo: Saraiva, 2008, p. 207).

[41] ÁVILA, Humberto. *Teoria dos princípios: da definição à aplicação dos princípios jurídicos*. 5ª ed., São Paulo: Malheiros, 2006, p. 78/79.

as normas de competência tributária são dotadas de superioridade hierárquica.

A melhor doutrina admite que há entre as normas diferentes graus de hierarquia, que não dependem de sua função (normas de comportamento ou de estrutura) ou de sua espécie (regras ou princípios). Tal hierarquia traz consigo uma idéia de prevalência abstrata[42] e está relacionada ao texto cuja interpretação gerou as normas e/ou à autoridade que o editou.[43] Consideramos, aqui, como critério de definição hierárquica, o texto a partir do qual construída a norma. Nessa linha, as normas oriundas da interpretação do texto constitucional são hierarquicamente superiores às que advém da interpretação da lei, que seriam hierarquicamente superiores àquelas extraídas de decretos, ... Tal hierarquia se mostra ainda mais clara em países, como o Brasil, que adotam constituições rígidas, cuja alteração demanda procedimento próprio e diferenciado.[44]

---

[42] "O decisivo para este trabalho, porém, é registrar que a relação de hierarquia é normalmente associada à idéia de prevalência e termina por indicar qual norma 'vale mais'. A noção de hierarquia envolve uma *relação linear* entre duas normas separadas semanticamente, de tal sorte que uma delas se sobrepõe à outra. E no caso de conflito a norma inferior incompatível com a norma superior perde, *ipso facto*, a validade por meio de um raciocínio de exclusão. Trata-se, portanto, de uma *sistematização linear* (a norma superior constitui o fundamento de validade da inferior), *simples* (baseada numa relação de hierarquia linear entre as normas) e *não gradual* entre duas normas jurídicas (as normas estão, ou não, sistematizadas enquanto hierarquicamente postas) com implicações no *plano de sua validade*." (ÁVILA, Humberto. *Sistema Constitucional Tributário: de acordo com a emenda constitucional n. 53, de 19.12.06*. São Paulo: Saraiva, 2008, p. 28).

[43] No que toca à idéia de fontes do direito, refere LOURIVAL VILANOVA: "As normas de organização (e de competência) e as normas do 'processo legislativo', constitucionalmente postas, incidem em fatos e os fatos se tornam jurígenos. O que denominamos 'fontes do direito' são fatos jurídicos criadores de normas: fatos sobre os quais incidem hipóteses fácticas, dando em resultado normas de certa hierarquia." (VILANOVA, Lourival. *Causalidade e Relação no Direito*. 4ª ed., São Paulo: RT, 2000, p. 56). Já PAULO DE BARROS CARVALHO trata como fontes tanto o órgão emissor da norma como o procedimento de emissão: "Por *fontes do direito* havemos de compreender os focos ejetores de regras jurídicas, isto é, os órgãos habilitados pelo sistema para produzirem normas, numa organização escalonada, bem como a própria atividade desenvolvida por estas entidades, tendo em vista a criação de normas." (CARVALHO, Paulo de Barros. *Curso de Direito Tributário*, 20ª ed. São Paulo: Saraiva, 2008, p. 47).

[44] A respeito da relação entre a rigidez do texto constitucional e a hierarquia entre a Constituição e as leis, leciona JORGE MIRANDA: "Diz-se rígida a Constituição que, para ser revista, exige a observância de uma forma particular distinta da forma seguida para a elaboração das leis ordinárias. Diz-se flexível aquela em que são idênticos o processo legislativo e o processo de revisão constitucional, aquela em que a forma é a mesma para a lei ordinária e para a lei de revisão constitucional. (...) III – A contraposição entre rigidez e flexibilidade constitucionais foi formulada por dois grandes juspublicistas ingleses, JAMES BRYCE e A.V. DICEY, atentos às peculiaridades da Constituição de seu país, no confronto tanto da Constituição norte-americana como da Constituição francesa, e passou, nesses termos ou noutros, para a generalidade da doutrina constitucional. E BRYCE sustentou mesmo certa correspondência entre Constituição

Vale destacar, também, que a hierarquia jurídica se divide em hierarquia sintática e hierarquia semântica.[45] A hierarquia sintática diz respeito à relação lógica entre as normas.[46] A hierarquia semântica, por sua vez, se biparte em hierarquia formal e hierarquia material.[47] No primeiro caso (formal)[48] será observado se os ritos e procedimentos estabelecidos pela norma superior (N') foram obedecidos quando da elaboração da norma inferior (N'') – veja-se, por exemplo, o disposto no art. 69 da CRFB.[49] No segundo – material –,[50] o exame será restrito ao conteúdo das normas. Em qualquer dos casos (hierarquia formal ou hierarquia material), havendo incompatibilidade entre as normas, o resultado será o mesmo: a norma advinda da fonte inferior será invalidada.[51]

---

flexível e Constituição material e entre Constituição rígida e Constituição formal. Na verdade, o critério da distinção – para BRYCE, a distinção principal a fazer entre todas as Constituições – estaria na posição ocupada pela Constituição perante as chamadas leis ordinárias. Se ela se coloca acima destas, num plano hierárquico superior, e encerra características próprias, considera-se rígida; ao invés, se se encontra ao nível das restantes leis, sem um poder ou uma forma que a sustentem em especial, é flexível. Apenas as Constituições rígidas e não também as Constituições flexíveis, são limitativas, porque ultrapassam as leis e prevalecem sobre suas estatuições." (MIRANDA, Jorge. *Manual de Direito Constitucional*. Tomo II, 4ª ed. Coimbra: Coimbra Editora, 2000, p. 145-148).

[45] Cfe. CARVALHO, Paulo de Barros. *Curso de Direito Tributário*, 20ª ed. São Paulo: Saraiva, 2008, p. 228.

[46] Cfe. ÁVILA, Humberto. *Sistema Constitucional Tributário: de acordo com a emenda constitucional n. 53, de 19.12.06*. São Paulo: Saraiva, 2008, p. 28.

[47] "Interessa-nos agora o enfoque semântico da hierarquia, que, como já dissemos, pode dar-se no aspecto formal e no aspecto material. A primeira, quando a norma superior dita apenas os pressupostos de forma que a norma subordinada há de respeitar; a segunda, sempre que a regra subordinante preceituar os conteúdos de significação da norma inferior." (CARVALHO, Paulo de Barros. *Curso de Direito Tributário*, 20ª ed. São Paulo: Saraiva, 2008, p. 228). Na mesma linha: ÁVILA, Humberto. *Sistema Constitucional Tributário*, p. 29.

[48] "Diz-se 'validade formal' a ausência de vícios formais. Propriamente falando, a validade formal é uma propriedade de atos normativos. Considera-se formalmente válido um ato normativo que tenha sido produzido em conformidade com as metas-normas da produção do direito." (GUASTINI, Riccardo. *Das fontes às normas*. Trad. Edson Bini. São Paulo: Quartier Latin, 2005, p. 281).

[49] "Art. 69. As leis complementares serão aprovadas por maioria absoluta.".

[50] "Jerarquias materiales: son aquellas que se dan entre dos normas, N^1 y N^2, cuando una tercera norma positiva, N^3, establece que una de ellas, supongamos N^2, no puede ser incompatible con N^1, o bien que N^2 es susceptible de inaplicación y/o de anulación en caso de que entre en conflicto con N^1." (GUASTINI, Riccardo. *Distinguiendo*, p. 377).

[51] "O critério hierárquico, chamado também de *lex superior*, é aquele pelo qual, entre duas normas incompatíveis, prevalece a hierarquicamente superior: *lex superior derrogat inferiori*. Não temos dificuldade em compreender a razão desse critério depois que vimos, no capítulo precedente, que as normas de um ordenamento são colocadas em planos diferentes: são colocadas em ordem hierárquica." (BOBBIO, Norberto. *Teoria do ordenamento jurídico*. Brasília: Ed. Universidade de Brasília, 10 ed., 1999, p. 93).

A hierarquia existente entre as normas de competência dos impostos e as normas de imposição tributária emitidas pelos Entes Políticos é a hierarquia (semântica) material. O conteúdo das normas de imposição tributária (regra-matriz de incidência tributária) está limitado pela respectiva norma de competência, que previamente estabelece qual o âmbito de materialidade do respectivo imposto.[52] A União somente poderá instituir imposto de renda, forte no art. 153, III, CRFB, através de norma de imposição que tenha como núcleo de seu antecedente a descrição "auferir renda ou proventos de qualquer natureza". A descrição, pelo enunciado da norma de imposição tributária, de critério material diverso daquele disposto no conseqüente da correlata norma de competência, acarreta a invalidade daquela (norma de imposição tributária) por inconstitucionalidade.

Por fim, não se pode descurar que a hierarquia superior das normas de competência tributária, que decorre de sua origem constitucional, agrega-lhes inegável rigidez, impedindo sua alteração senão através do próprio legislador constitucional. Com isso se quer dizer que não podem os entes políticos (União, Estados, Distrito Federal e Municípios), seja por lei ordinária, seja por lei complementar, alterar as disposições estabelecidas na CRFB a respeito das normas de competência tributária.

Verificadas, assim, as principais características das normas de competência dos impostos, necessário partir, agora, ao exame do modo de interpretação da Constituição da República e da forma com que são criados os chamados conceitos constitucionais.

---

[52] "Portanto, relevante para o aspecto da interpretação, no campo da discriminação, não é apenas lembrarmos que hierarquicamente a norma constitucional é a mais importante, mas, também, que a própria Constituição consagra o princípio da *caracterização do imposto através do elemento concreto do fato gerador*, e, portanto, qualquer interpretação, mesmo de ordem constitucional, no campo tributário, deverá examinar se essa técnica está sendo atendida pela lei interpretanda. Isto é, se um dado imposto, não importa o nome que lhe tenha dado o respectivo legislador, tem *os mesmos pressupostos de fato autorizados ou permitidos pela constituição*." (NOGUEIRA, Ruy Barbosa. *Da interpretação e da aplicação das leis tributárias*. 2ª ed. São Paulo: José Bushatsky, 1974, p. 21.). Para JOSÉ ARTHUR LIMA GONÇALVES: "Essa repartição constitucional de competências impositivas é rígida e exaustiva, outorgando a cada pessoa política amplos poderes legislativos nos seus respectivos compartimentos. Não pode haver distorção, alteração ou diminuição desses compartimentos por meio de norma infraconstitucional." (GONÇALVES, José Arthur Lima. "O ISS, a Lei Complementar nº. 116/03 e os Contratos de Franquia". *In* ROCHA, Valdir de Oliveira (coord.). *Grandes Questões Atuais do Direito Tributário* 8º vol., São Paulo: Dialética, 2004, p. 279).

2. Interpretação e conceitos constitucionais

2.1. Interpretação dos textos jurídicos: o método de Karl Larenz

Ao definir o conseqüente das regras de competência dos impostos, o constituinte estabeleceu os critérios materiais que nortearão os Entes Tributantes em sua tarefa de instituir as normas de imposição tributária (ex: "auferir rendas e proventos de qualquer natureza", "ser proprietário de imóvel urbano", ...). Ao fazê-lo, teve de utilizar palavras (signos),[53] cada qual dotada de um ou mais significados, obrigando, assim, o intérprete, a construir o sentido de cada norma constitucional.[54]

Os conceitos constitucionais são, portanto, o resultado da interpretação de expressões postas pelo legislador constitucional no texto[55]

---

[53] "Ma, in entrambi casi, quale que sia il grado di sofisticazione concettuale con il quale ci accostiamo al diritto, una cosa è abbastanza chiara: il diritto – o, almeno, il diritto moderno – è un fenomeno linguistico. Per dirla con semplicità: il diritto è un discorso, il discorso del 'legislatore'". (GUASTINI, Riccardo. *Il diritto come linguaggio lezioni*. Seconda Edizione. Torino: G. Giappichelli Editore, 2006, p. 7).

[54] "É errôneo, também, portanto, crer que um texto pode ser tão claro a ponto de ser impossível que suscite dúvidas quanto a sua interpretação." (ROSS, Alf. *Direito e Justiça*. Trad. Edson Bini. São Paulo: Edipro, 2000, p. 164/165).

[55] Irrepreensível o alerta de EROS GRAU: "O que em verdade se interpreta são os textos normativos; da interpretação dos textos resultam as normas. Texto e norma não se identificam. A norma é a interpretação do texto normativo. A interpretação é, portanto, atividade que se presta a transformar textos – disposições, preceitos, enunciados – em normas." (GRAU, Eros Roberto. *Ensaio e discurso sobre a interpretação/aplicação do direito*. São Paulo: Malheiros, 2002, p. 17). Em seu voto-vista, proferido quando do julgamento do RE 357.950/RS, o MINISTRO EROS GRAU reafirmou seu entendimento doutrinário, nos seguintes termos: "em verdade, a Constituição nada diz; ela diz o que esta Corte, seu último intérprete, diz que ela diz. E assim é porque as normas resultam da interpretação e o ordenamento, no seu valor histórico-concreto, é um conjunto de interpretações, isto é, conjunto de normas; o conjunto das disposições

– não, ao invés, um sentido predeterminado.[56] Os textos, inclusive os jurídicos e mesmo o constitucional, utilizam signos que desafiam o intérprete a deles retirar (*rectius*: construir)[57] o adequado significado. Tal tarefa mostra-se ainda mais árdua em hipóteses nas quais é indispensável seja obtido um e apenas um único significado, como na interpretação jurídica. Os termos adotados pelo legislador constituinte, por exemplo, ao final do trabalho interpretativo, não poderão expressar diversos significados.[58]

Necessário, então, busque-se uma adequada metodologia, capaz de orientar os passos do intérprete e conduzi-lo, de forma segura e defesa a manipulações,[59] à obtenção do significado do texto jurídico.

Cabe alertar que não nos parece correto se elabore uma metodologia de interpretação específica para os textos jurídico-tributá-

---

(textos, enunciados) é apenas ordenamento em potência, um conjunto de possibilidades de interpretação, um conjunto de normas potenciais" (RE 357.950/RS, STF, Pleno, Rel. Min. Marco Aurélio, julgado em 09/11/2005, DJU15.08.2006, p. 25).

[56] "O sentido de um texto supera seu autor não ocasionalmente, mas sempre. Por isso a compreensão nunca é um comportamento meramente reprodutivo, mas também e sempre produtivo." (GADAMER. Hans-georg. *Verdade e método*. 6ª ed. Vozes, Bragança Paulista, São Paulo: Universitária São Francisco, 2004, p.392). "A partir da viragem lingüística e do rompimento com o paradigma metafísico aristotélico-tomista e da filosofia da consciência, a linguagem deixa de ser uma terceira coisa que se interpõe entre um sujeito e um objeto, passando a ser condição de possibilidade. Ao mesmo tempo, o processo interpretativo deixa de ser reprodutivo (*Auslegung*) e passa a ser produtivo (*Sinngebung*). É nesse sentido que Hans-Georg Gadamer vai dizer que o caráter da interpretação é sempre produtivo. Esse aporte produtivo forma parte inexoravelmente do sentido da compreensão." (STRECK, Lenio Luiz. *Jurisdição Constitucional Hermenêutica: uma nova crítica do Direito*. Porto Alegre: Livraria do Advogado, 2002, p. 169). "Portanto, a idéia imprecisa de que as palavras têm um significado intrínseco, relacionado com o objeto, coisa ou situação que representam, deve ser eliminada do nosso raciocínio." (MOSQUERA, Roberto Quiroga. *Renda e proventos de qualquer natureza: o imposto e o conceito constitucional*. São Paulo: Dialética, 1996, p. 22).

[57] "Os conceitos não estão prontos no dispositivo objeto de interpretação. Eles são, na verdade, coerentemente reconstruídos pelo intérprete com base em argumentos lingüísticos, sistemáticos, genéticos, históricos e meramente práticos." (ÁVILA, Humberto. *Sistema Constitucional Tributário: de acordo com a emenda constitucional n. 53, de 19.12.06*. São Paulo: Saraiva, 2008, p. 213).

[58] No que toca à interpretação constitucional, refere KONRAD HESSE: "*Tarefa da interpretação é encontrar o resultado constitucionalmente 'exato' em um procedimento racional e controlável, fundamentar este resultado racional e controlavelmente e, deste modo, criar a certeza jurídica e previsibilidade – não, por exemplo, somente decidir por causa da decisão.*" (HESSE, Konrad. *Elementos de direito constitucional da república federal da alemanha*. Trad. Luiz Afonso Heck. Porto Alegre: Sergio Antonio Fabris, 1998, p. 55).

[59] "Inexistindo regras que ordenem, hierarquicamente, o uso dos cânones hermenêuticos, eles acabam por funcionar como justificativas a legitimar os resultados que o intérprete se predeterminara a alcançar; o intérprete faz uso deste ou daquele se e quando lhe aprouver, para justificá-los." (GRAU, Eros Roberto. *Ensaio e discurso sobre a interpretação/aplicação do direito*. São Paulo: Malheiros, 2002, p. 33).

rios. Nada há nos textos jurídico-tributários que os difira dos demais textos jurídicos, a justificar a elaboração de uma nova e específica metodologia,[60] ao invés, sendo de todo preferível adotar a metodologia tradicional e temperá-la em face da norma advinda do art. 110 do CTN. Reza o art. 110 do CTN que "a lei tributária não pode alterar a definição, o conteúdo e o alcance de institutos, conceitos e formas de direito privado, utilizados, expressa ou implicitamente, pela Constituição Federal (...) para limitar competências tributárias". Quanto aos textos constitucionais, a superioridade (hierarquia material) da Constituição não permite que o legislador estipule o sentido de suas expressões – pensar o contrário seria possibilitar ao legislador infraconstitucional a manipulação das normas constitucionais.[61] Por outros termos: cabe ao intérprete do *texto constitucional*, seguindo adequada metodologia, construir os respectivos conceitos, que poderão, ou não, ser idênticos àqueles que usualmente se extraem do Direito Privado, sendo vedado ao legislador qualquer tentativa de estipulação de sentido do texto constitucional.[62] Quanto ao *texto le-*

---

[60] "Não nos parece adequado falar em métodos próprios para a interpretação das normas tributárias. Mesmo na lição de Pontes de Miranda, acima transcrita, vê-se que ao Direito Tributário aplicam-se as mesmas regras da hermenêutica em geral." (MACHADO, Hugo de Brito. *A interpretação e o direito tributário brasileiro*. in Interpretação no Direito Tributário. São Paulo: Revista dos Tribunais, 1989, p. 37).

[61] "Há, todavia, um equívoco nas lições desses comentadores, pois na verdade o art. 110 do Código Tributário Nacional é simples explicitação do que mesmo em sua ausência se tem de entender em decorrência da supremacia constitucional. Nele não se trata de superar conflitos entre o Direito Tributário e o Direito Privado, mas de afirmar a supremacia da Constituição. A lei não pode alterar os conceitos utilizados pela Constituição pois isto seria uma forma indireta de invadir a ordem normativa hierarquicamente superior." (MACHADO. Hugo de Brito. *Importância dos conceitos jurídicos na hierarquia normativa – Natureza meramente didática do art. 110 do CTN*. Revista Dialética de Direito Tributário n. 98, p. 72). "Demais, a liberdade de que desfruta o legislador tributário para disciplinar os efeitos jurídicos inerentes aos tributos encontra um obstáculo poderoso e definitivo. É-lhe vedada a possibilidade de alterar a definição, o conteúdo e o alcance de institutos, conceitos e formas de direito privado, utilizados, expressa ou implicitamente, pela Constituição Federal, pelas Constituições dos Estados, ou pelas Leis Orgânicas do Distrito Federal ou dos Municípios, para definir ou limitar competências tributárias." (CARVALHO, Paulo de Barros. *Curso de Direito Tributário*, 20ª ed. São Paulo: Saraiva, 2008, p. 106).

[62] Ao comentar a obra de Aliomar Baleeiro, MISABEL ABREU MACHADO DERZI assim se pronuncia: "Quando a Constituição usa um conceito, um instituto ou forma do Direito Privado, o nome empregado denota certo objeto, segundo a conotação que ele tem na ciência jurídica particular, da qual se origina. A conotação completa que advém da ciência do Direito Privado é condição prévia de inteligibilidade e univocidade do discurso constitucional. E se utiliza a Constituição desse sentido completo, extraído de certo ramo jurídico, para assegurar a discriminação e delimitação de competência, enfim, o pacto federativo. Permitir ao intérprete ou ao legislador ordinário interessado (que legisla em causa própria) que alterasse o sentido e alcance desses institutos e conceitos constitucionalmente empregados, seria permitir que firmasse, sem licença da Constituição, novo pacto federativo, nova discriminação de com-

gal-tributário, no entanto, autorizado por seu *status* de lei complementar, parece-nos que o CTN (art. 110) impede sejam denotados pelo legislador da União, dos Estados, do Distrito Federal e dos Municípios, sentidos diversos daqueles fixados pelo Direito Privado. Dessa forma, o intérprete dos textos legais promulgados pelo legislador dos Entes Políticos terá de atentar não apenas para o conceito constitucional, mas, também, caso inexista disposição constitucional a respeito do signo examinado, para o sentido adotado pelo Direito Privado, conforme ordena o art. 110 do CTN.

Deve-se, assim, buscar na metodologia da interpretação jurídica tradicional a solução à busca de sentido dos textos jurídico-tributários,[63] aqui interessando, sobremaneira, os textos constitucionais dos quais oriundas as normas de competência tributária dos impostos.

Investindo em tal empreitada, parece-nos ser de Karl Larenz a metodologia que melhor solve a questão posta a exame – o aclamado doutrinador, baseando-se na lição de Frederich Muller, demonstrou que as regras tradicionais de interpretação (interpretação literal, histórica, axiológica, etc.) não são excludentes, mas, ao invés, complementares.[64] Nessa linha, Larenz agiu com total acerto ao estabelecer o "sentido literal" como início e também como limitador do círculo hermenêutico que percorrerá o intérprete. A inicial constatação do "sentido literal", para Larenz, advém dos "usos lingüísticos"[65] – não

---

petência. Sendo assim, o art. 110 do CTN determina a cristalização da denotação e da conotação jurídicas daqueles institutos, conceitos e formas, vedando-se ao legislador tributário a alteração de sentido que é própria do Direito Privado." (BALEEIRO, Aliomar. atualiz. DERZI, Misabel de Abreu Machado. *Direito Tributário Brasileiro*. 11ª ed. Rio de Janeiro: Forense, 2007, p. 690).

[63] "L'operazione intellettuale che conduce dall'enunciato al significato – o, se si preferisce, l'operazione di identificazione del significato – si chiama interpretazione." (GUASTINI, Riccardo. *Il diritto come linguaggio lezioni*. Seconda Edizione. Torino: G. Giappichelli Editore, 2006, p. 29).

[64] "(...) se confirma a observação de FREDERICH MULLER de que 'as regras tradicionais de interpretação' não podem ser individualizadas como 'métodos' independentes em si. Ao invés, manifestam-se no processo de concretização 'não só complementam-se e apoiando-se umas às outras, mas sempre entrelaçadas materialmente umas com as outras logo desde o princípio'. Isto deveria dar o que pensar àqueles que pretendem que o intérprete pode escolher entre diferentes métodos." (LARENZ, Karl. *Metodologia da Ciência do Direito*, 3.ed., Lisboa: Fundação Calouste Gulbenkian, 1997, p. 462).

[65] LARENZ, Karl. *Metodologia da Ciência do Direito*, 3.ed., Lisboa: Fundação Calouste Gulbenkian, 1997, p. 451. TÉRCIO SAMPAIO FERRAZ JR. refere que "os símbolos (nomes ou predicadores) nada significam isoladamente" e que "o que lhes confere significação é seu uso" (FERRAZ JR., Tércio Sampaio. *Introdução ao Estudo do Direito*. 4ª ed. São Paulo: Atlas, 2003, p. 258). No julgamento do RE 357.950/RS, o MINISTRO CEZAR PELUSO, lembrando

há, portanto, construção do "sentido literal" pelo intérprete, mas, tão-só, constatação ou descobrimento. Diz o ilustre autor que haverá usos lingüísticos gerais (de uso comum) e especiais (técnicos). Os primeiros são aqueles utilizados por uma comunidade discursiva indeterminada (ex: população). Os segundos, aqueles típicos de certas áreas de conhecimento, que formam comunidades discursivas identificadas (ex: comunidade jurídica).[66] Cabe antecipar que, restando possível retirar dois "sentidos literais" distintos de um mesmo signo, um identificado pelo uso comum, o outro pelo uso especial (técnico), no caso da interpretação jurídica deverá ser dada primazia ao sentido técnico-jurídico,[67] em respeito ao postulado da unidade do sistema jurídico.[68]

Partindo do "sentido literal" e o considerando frente ao "contexto de significado",[69] Larenz avançou no estudo da metodologia jurídica, criando novos limites à interpretação através do que denominou "sentido literal possível"[70] – este, sim, ao invés do "sentido li-

as lições de SAUSSURE, referiu que "ninguém pode duvidar de que o termo (signo lingüístico) não decorre da natureza do objeto (significado), mas é estipulado arbitrariamente pelos usuários da linguagem, mediante consenso construído ao longo da história, em torno de um código implícito de uso" (RE 357.950/RS, STF, Pleno, Rel. Min. Marco Aurélio, julgado em 09/11/2005, DJU15.08.2006, p. 25). Acreditamos que tal entendimento é plenamente aplicável ao que chamamos de "sentido literal".

[66] "La comunicación de la norma supone, pues, el uso de um lenguaje compartido tanto por la autoridad normativa como por los sujetos normativos, entendiendo por 'lenguaje' todo sistema de símbolos que sirve para la comunicación (vgr. gestos, luces, banderas, dibujos, palabras). Em consecuencia, dictar normas supone la existência de uma comunidad lingüística a la que pertencen todos los involucrados en la actividad normativa. Sin embargo, aunque toda norma se formula o puede ser formulada en un lenguaje, la norma no es un conjunto de signos lingüísticos, sino el sentido (o significado) que esos signos expressan." (BULYGIN, Eugenio; MENDONCA, Daniel. *Normas y sistemas normativos*. Madri: Marcial Pons, 2005, p. 16).

[67] No julgamento do RE 357.950 pelo Plenário do STF, o MINISTRO MARCO AURÉLIO se refere a "visão técnico-vernacular" que deve ser considerada quando da interpretação dos vocábulos e expressões constantes dos textos legais e constitucionais (RE 357.950/RS, STF, Pleno, Rel. Min. Marco Aurélio, julgado em 09/11/2005, DJU15.08.2006, p. 25).

[68] Sobre a importância da idéia de unidade para a formação do sistema jurídico, CANARIS leciona: "Nesta ocasião deve-se recordar de novo a característica principal da idéia de unidade, acima elaborada: a recondução da multiplicidade do singular a alguns poucos princípios constitutivos." (CANARIS, Claus-Wilhelm. *Pensamento sistemático e conceito de sistema na ciência do direito*, 3 ed., Lisboa: Fundação Calouste Gulbenkian, 2002, p. 76).

[69] "Em suma, o critério do contexto de significado (*Bedeutungszusammenhang*) exige que se atente para o contexto, para a ordenação externa e para a sistemática conceitual subjacente, além de impor que se opere a concordância material das disposições. Com isso descrevem-se os aspectos principais do 'contexto de significado da lei' na metodologia de Larenz.". (VELLOSO, Andrei Pitten. *Conceitos e competências tributárias*. São Paulo, Dialética, 2005, p. 190).

[70] Pelas palavras de LARENZ: "o que está para além do sentido literal linguisticamente possível e é claramente excluído por ele já não pode ser entendido por via da interpreta-

teral", que se extrai dos usos da comunidade discursiva, construído pelo intérprete.

Eis sua lição:

> Por "sentido literal possível" entendo tudo aquilo que nos termos do uso lingüístico que seja de considerar como determinante em concreto – mesmo que, porventura, em circunstâncias especiais –, pode ainda ser entendido como o que com esse termo se quer dizer.[71]

O "sentido literal possível" serve, assim como já servia o simples "sentido literal", a limitar a interpretação. Inova, contudo, ao reduzir e/ou delimitar o espectro semântico do "sentido literal", excluindo das possibilidades a serem construídas pelo intérprete sentidos que não guardem coerência frente ao "contexto de significado".[72] O "contexto de significado" moldará o "sentido literal" (1) ao demandar atenção a todo o contexto, (2) ao impor haja concordância material com outros sentidos já conferidos ao mesmo signo e (3) ao considerar a sistemática externa do texto.[73] Tornará o "sentido literal", a partir de então, "sentido literal possível".

Acaso, porém, o "sentido literal possível" não represente um único significado, deverá o intérprete se valer dos chamados critérios teleológicos, através dos quais buscará na finalidade da norma e nos princípios jurídicos o mais adequado dentre os possíveis sentidos

---

ção" (LARENZ, Karl. *Metodologia da Ciência do Direito*, 3.ed., Lisboa: Fundação Calouste Gulbenkian, 1997, p. 453).

[71] LARENZ, Karl. *Metodologia da Ciência do Direito*, 3.ed., Lisboa: Fundação Calouste Gulbenkian, 1997, p. 454.

[72] "Assim, a Constituição estabelece conceitos por incorporação quando, ao utilizar um termo, sem conceituá-lo de modo diverso, termina por incorporar o conceito que é utilizado tradicionalmente no direito infraconstitucional vigente antes de sua promulgação. (...) Essa incorporação, todavia, só é viável se for permitida pelo *contexto constitucional*, isto é, se houver espaço constitucional para o conceito que se pretende incorporar. E haverá espaço constitucional se a incorporação for permitida pelas regras tributárias de competência, de um lado, e pelas regras gerais de competência, de outro." (ÁVILA, Humberto. "Imposto sobre a Prestação de Serviços de Comunicação. Conceito de Prestação de Serviço de Comunicação. Intributabilidade das Atividades de Veiculação de Publicidade em Painéis e Placas. Inexigibilidade de Multa". *Revista Dialética de Direito Tributário*, n. 143, São Paulo, agosto de 2007, p. 119).

[73] "O critério do contexto significativo exige, em primeiro lugar, prestar atenção ao contexto, tal como se requer para a compreensão de todo o discurso ou escrito coerentes. Exprime, para além disso, a concordância material das disposições adentro de uma regulação e, ainda, o tomar em conta da ordenação externa da lei e da sistemática conceptual a ela subjacentes, às quais, todavia, só cabe um valor limitado para a interpretação." (LARENZ, Karl. *Metodologia da Ciência do Direito*, 3.ed., Lisboa: Fundação Calouste Gulbenkian, 1997, p. 462).

do texto.[74] Quanto aos textos que tratam das regras de competência tributária, há de se considerar sua real e jurídica finalidade: atribuir competência tributária (parcela de poder) às pessoas políticas – sendo descartáveis, desde logo, argumentos que versem a respeito de finalidades não-jurídicas (ex: arrecadatória). Levando em conta tal finalidade e também os princípios constitucionais estruturais e principalmente os princípios constitucionais tributários, caberá ao intérprete escolher o mais adequado dos significados ainda remanescentes – sempre limitado pelo "sentido literal possível".

2.2. Conceitos constitucionais: classificação

Das expressões utilizadas no texto constitucional emanam, pelos caminhos da interpretação, os sentidos ou conceitos, que são um recorte abstrato da realidade. Segundo Lourival Vilanova, o conceito "vale, pois, como um esquema em cujos limites o real é pensado", exercendo "uma função seletiva em face do real".[75]

Muitas são as discussões a respeito dos conceitos constitucionais existentes no conseqüente das normas de competência tributária: seriam eles incorporados de leis infraconstitucionais prévias à Constituição ou adviriam do sentido comum (não-jurídico) que se faz pelo uso das palavras? Seriam mutáveis diante das peculiaridades de cada caso, em razão da finalidade da norma ou dos princípios constitucionais? Ou seriam, talvez, autônomos e independentes de sentidos outros já existentes?

Eficiente auxiliar na tarefa de desvelar o modo de construção dos conceitos constitucionais, a classificação elaborada por Andrei Pitten Velloso,[76] a partir das prévias idéias de Ruy Barbosa Nogueira,[77] di-

---

[74] "Se duas interpretações são em tese cabíveis – o que admitimos *ad argumentandum tantum* – há de prevalecer aquela que melhor e de modo mais esplendoroso assegure a eficácia dos magnos princípios constitucionalmente consagrados" (BARRETO, Aires F. *ISS na Constituição e na Lei*. 2ª ed. São Paulo, Dialética, 2005, p. 107).

[75] VILANOVA, Lourival. "Sobre o conceito de Direito". In *Escritos Jurídicos e Filosóficos*. Vol. 1. São Paulo: Axis Mundi: IBET, 2003, p. 7.

[76] VELLOSO, Andrei Pitten. *Conceitos e competências tributárias*. São Paulo, Dialética, 2005, p. 262.

[77] NOGUEIRA, Ruy Barbosa. *Da interpretação e aplicação das leis tributárias*. 2ª ed. São Paulo: José Bushatsky, 1974, p. 48 e seguintes.

vide os conceitos constitucionais em conceitos autônomos (autônomos *stricto sensu* e modificados) e conceitos recepcionados (jurídicos e extrajurídicos).[78] Para o referido autor, que faz suas as palavras de Canotilho e Vital Moreira, os conceitos autônomos são aqueles "(a) conceitos que a Constituição define; (b) conceitos tipicamente constitucionais; (c) conceitos que ganham na lei fundamental uma primeira e decisiva caracterização; (d) conceitos que, embora sendo objeto de regulamentação legal, tem que ser caracterizados a partir da CFP". Já os conceitos recepcionados seriam aqueles existentes antes da promulgação do texto constitucional, tanto em outros diplomas jurídicos (conceitos recepcionados jurídicos), como no uso comum da população ou mesmo em sentido técnico (conceitos recepcionados extrajurídicos).

Buscando maior precisão, *acreditamos, porém, que não são os conceitos que são recepcionados, mas, em verdade, o "sentido literal" a partir do qual o intérprete partirá à construção do conceito.* Como visto, o significado (sentido, conceito) será sempre construído pelo intérprete – jamais será fornecido de antemão pelo texto. O "sentido literal", no entanto, é, por sua vez, retirado dos "usos linguísticos". Pode, assim, o "sentido literal" de determinada época e lugar ser recepcionado pelo texto constitucional, servindo de ponto de partida para o intérprete da Lei Maior. O conceito, porém, como produto da interpretação que é, somente surgirá após ter sido percorrida toda a trilha hermenêutica.

Deverá o intérprete, dessa forma, ao iniciar o percurso metodológico elaborado por Larenz, verificar se o signo a ser interpretado foi denotado pelo constituinte, se seu sentido já foi definido no próprio texto constitucional. Neste caso, pouco comum, será desne-

---

[78] HEINRICH BEISSE já havia percebido a diferença existente entre os conceitos apropriados pelo direito tributário e os conceitos por ele próprio definidos: "Realmente, as leis tributárias aplicam, em não pequena quantidade, conceitos já cunhados pelo direito civil, como propriedade, locação, arrendamento, renda vitalícia, sociedade. O problema consiste em verificar se tais conceitos, no âmbito da tributação, devem entender-se no sentido que têm no direito civil ou em função de um critério econômico. Ainda se voltará a este ponto. Sob este aspecto, não oferece problema, por outro lado, a interpretação daqueles conceitos que o direito tributário teve de criar só para seus fins, como, por exemplo, empresa, patrimônio empresarial, aporte de capital, saque de capital, obtenção de lucro e aplicação de lucro – distribuição disfarçada de lucro – fornecimento, alienação, produção de rendimento, bem econômico, empresário e coempresário." (BEISSE, Heinrich. *O critério econômico na interpretação das leis tributárias segundo a mais recente jurisprudência alemã.* in Direito Tributário: Estudos em Homenagem ao Professor Ruy Barbosa Nogueira. São Paulo: Saraiva, 1984, p. 9).

cessário ao intérprete examinar os usos das comunidades lingüísticas (geral ou específica), com o intuito de captar o "sentido literal" do signo e a partir daí construir, frente ao "contexto de significado", seu "sentido literal possível". Em vez de buscá-lo nos usos da comunidade discursiva, o intérprete colherá o "sentido literal" da denotação constitucional.[79] Exemplificando, vale lembrar o texto do art. 12 da CRFB.[80] Em tal hipótese, o constituinte preocupou-se em definir o sentido de "brasileiro nato", pouco deixando à construção do intérprete.[81] Como geralmente os conceitos constitucionais têm seu "sentido literal" recepcionado de "usos lingüísticos" prévios (gerais ou especiais), os chamados conceitos autônomos, sejam os *stricto sensu*, sejam os modificados, exigem denotação por parte do legislador constituinte. Não havendo tal denotação, deverá o intérprete buscar o "sentido literal" do signo objeto de interpretação nos "usos lingüísticos" – recaindo nas hipóteses dos chamados conceitos recepcionados.

Verificada a inexistência de denotação que facilite a identificação do conceito (os chamados "conceitos autônomos"), começam as dificuldades do intérprete, que deverá escolher, como ponto de par-

---

[79] Preciosas são as palavras do MINISTRO CEZAR PELUSO, proferidas no julgamento do RE 357.950: "Quando o legislador, para responder a estratégias normativas, pretende adjudicar a algum velho termo novo significado, diverso dos usuais, explicita-o mediante construção formal do seu conceito jurídico-normativo, sem prejuízo de fixar, em determinada província jurídica, conceito diferente do que usa noutra (...). Quando não haja conceito jurídico expresso, tem o intérprete de se socorrer, para a re-construção semântica, dos instrumentos disponíveis no próprio sistema de direito positivo, ou nos diferentes corpos de linguagem" (RE 357.950/RS, STF, Pleno, Rel. Min. Marco Aurélio, julgado em 09/11/2005, DJU15.08.2006, p. 25). No mesmo julgamento, o MINISTRO EROS GRAU menciona que "inúmeras vezes textos normativos operam a enunciação estipulativa de conceitos, ou seja, definem os seus respectivos termos. O que se tem referido por 'conceito estipulativo ou legal' corresponde, em regra, a uma definição que o texto normativo contempla visando superar a ambigüidade ou a imprecisão do termo de certo conceito".

[80] "Art. 12. São brasileiros:
I – natos:
a) os nascidos na República Federativa do Brasil, ainda que de pais estrangeiros, desde que estes não estejam a serviço de seu país;
b) os nascidos no estrangeiro, de pai brasileiro ou mãe brasileira, desde que qualquer deles esteja a serviço da República Federativa do Brasil;
c) os nascidos no estrangeiro, de pai brasileiro ou mãe brasileira, desde que venham a residir na República Federativa do Brasil e optem, em qualquer tempo, pela nacionalidade brasileira;"

[81] A dinâmica da vida não deixará nenhum texto isento de interpretações, pois mesmo a denotação depende do emprego de (outros) signos que exigirão do intérprete a construção de sentido aqui tratada. Parece certo, contudo, que o emprego da denotação pelo redator do texto legal ou constitucional restringirá o trabalho do intérprete.

tida de seu trabalho interpretativo, entre diversas possibilidades advindas dos "usos lingüísticos", a mais adequada – que será adotada como "sentido literal". Poderá deparar-se, na busca do "sentido literal", com as seguintes hipóteses: a) existência de mais de um sentido advindo dos "usos comuns";[82] b) existência de um sentido advindo dos "usos comuns" e outro dos "usos técnico-jurídicos" e c) existência de mais de um sentido advindo dos "usos técnico-jurídicos".

No primeiro caso, a existência de mais de um sentido advindo dos "usos comuns" exigirá que as variadas possibilidades sejam consideradas e postas frente ao "contexto de significado" – sem um prévio descarte. Serão elaborados, assim, mais de um "sentido literal possível", a exigir a utilização da finalidade da norma a ser construída, dos princípios jurídico-tributários e se preciso dos princípios gerais para a obtenção do conceito constitucional – critérios teleológicos de interpretação.

No segundo caso, havendo "uso comum" e "uso técnico-jurídico", o intérprete haverá de escolher o sentido oriundo do "uso técnico-jurídico" como "sentido literal". A justificativa, consoante já dito, encontra-se no postulado da unidade do sistema jurídico.

No terceiro caso, existindo múltiplos "usos técnico-jurídicos", o intérprete deverá eleger aquele que, advier da norma de maior hierarquia. Por exemplo: imagine-se que antes da promulgação da Constituição Federal, se extraía da legislação civilista o significado "Y" para o signo "X". Na mesma época, se extraía das instruções normativas da Secretaria da Receita Federal, para o mesmo signo "X", o significado "Z". Em tal hipótese, o intérprete do texto constitucional deve adotar como "sentido literal" o "uso técnico-jurídico" oriundo da legislação civilista ("Y"). Acaso as hipóteses de "sentido literal" tenham por origem "usos lingüísticos" que partam de normas de igual hierarquia, não escapará o intérprete de percorrer os demais caminhos indicados por Larenz, tendo que construir frente ao "contexto de significado" mais de um "sentido literal possível" e se for preciso tendo que examinar as possibilidades restantes frente aos chamados critérios teleológicos.

Fundamental, assim, que os conceitos incorporados no conseqüente das regras de competência tributária dos impostos sejam

---

[82] Usos técnicos não-jurídicos serão considerados, aqui, como "usos comuns".

construídos pelo intérprete de acordo com as diretrizes acima expostas, por via das quais, sempre de forma fundamentada, será possível a obtenção das aludidas normas constitucionais – que servirão de guia e limitador do legislador infraconstitucional quando da elaboração dos textos que darão origem às normas de imposição tributária e do aplicador quando do exame da constitucionalidade da instituição do tributo sobre determinado fato.

Tendo em conta tal metodologia à elaboração dos conceitos constitucionais que marcam as regras de competência dos impostos, fundamental seja examinada a posição dos municípios dentro do modelo brasileiro de federação e suas principais particularidades.

3. Competência tributária municipal

3.1. O município e o federalismo brasileiro

Segundo Konrad Hesse, a idéia de federalismo "expressa, como princípio fundamental político, a livre unificação de totalidades políticas diferenciadas, fundamentalmente, com os mesmos direitos, em regra regionais que, deste modo, devem ser unidas para colaboração comum". Em seguida, arremata o ilustre doutrinador: "sentido e tarefa da ordem federativa podem, uma vez, consistir nisso, formar e conservar unidade política, sem abolir a particularidade dos membros, unir diversidade e unidade uma com a outra".[83]

Como se extrai da lição de Konrad Hesse e também de Humberto Ávila,[84] o princípio federativo (federalismo) tem como núcleo a convivência entre unidade da nação e autonomia dos entes federados, entre a ordem central (soberana) e as ordens locais (autônomas).[85]

---

[83] HESSE, Konrad. *Elementos de direito constitucional da república federal da alemanha*. Trad. Luiz Afonso Heck. Porto Alegre: Sergio Antonio Fabris, 1998, p. 181.

[84] "O princípio federativo impõe a busca de um equilíbrio entre a uniformidade da federação e a diversidade dos entes federados, inclusive, e especialmente, no que se refere à competência tributária. O ideal federativo consiste, precisamente, no equilíbrio entre o todo e as partes que o compõem, isto é, na harmonia entre dois princípios: os princípios da autonomia e da uniformidade federativas." (ÁVILA, Humberto. "ICMS. Tratamento Diferenciado para Produtos Oriundos da Zona Franca de Manaus. Restrições ao Crédito por Ausência de Convênio Interestadual. Alíquotas e Créditos Diferenciados para Mercadorias Produzidas no Estado de São Paulo. Exame da Constitucionalidade das Restrições". *Revista Dialética de Direito Tributário*, n. 144, São Paulo, setembro de 2007, p. 66).

[85] "Dois princípios ou duas leis regem todo o sistema federativo: a autonomia e a participação; o primeiro concorrendo para manter a descentralização; o segundo para garantir a união, mas descentralização e união fundadas sempre no consenso, na legitimidade, na consciência cooperativa. Sem autonomia constitucional e sem participação na formação da vontade federal,

O balanceamento[86] entre as duas grandezas varia de país para país, de constituição para constituição: há o federalismo que tende a enfatizar a ordem central (centrípeto), o federalismo que dá maior importância à autonomia das unidades federadas (centrífugo) e a idealização do chamado federalismo de equilíbrio.[87] Parece preferível, contudo, falar-se, aqui, em *federalismo simétrico* e *federalismo assimétrico*. O primeiro é o federalismo sem quaisquer deformações, marcado pelas seguintes características, apontadas por Raul Machado Horta:

> (...) composição plural do Estado; repartição de competências entre o Governo Central e os Governos Locais, abrangendo legislação e tributação federal nos Estados-membros, para preservar a integridade territorial, a ordem pública e os princípios constitucionais da Federação; o Poder Judiciário dual, repartido entre a União e os Estados, distribuído entre Tribunais e Juízes, assegurada a existência de um Supremo Tribunal, para exercer a função de guarda da Constituição, aplacar dissídios de competência e oferecer a interpretação conclusiva da Constituição Federal; o poder constituinte originário, com sede na União; o poder constituinte derivado nos Estados-membros, fonte da auto-organização e da autonomia desses ordenamentos parciais; a organização bicameral do Poder Legislativo Federal, obediente ao princípio da representação do povo na Câmara de Deputados e a da representação dos Estados no Senado federal ou órgão equivalente.[88]

Já o federalismo assimétrico é aquele que suprime alguma das características acima listadas ou a elas agrega outras mais, em qual-

---

não há critério firme com que distinguir os ordenamentos políticos da comunhão federativa dos demais ordenamentos públicos inferiores, nomeadamente aqueles que podem aparecer também nas formas políticas mais descentralizadas da modalidade de Estado unitário, como sói ocorrer nos exemplos da Espanha e da Itália." (BONAVIDES, Paulo. *Política e Constituição: os caminhos da Democracia*. Rio de Janeiro: Forense, 1985, p. 100).

[86] "Na estrutura complexa do Estado Federal atuam forças contraditórias e já se observou que nela coexistem o princípio unitário e o princípio federativo. Há no Estado Federal um só Estado, que o torna distinto da Confederação de Estados e, de outro lado, essa forma estatal compreende uma pluralidade de Estados vinculados pelo laço federativo, e nisso ela se diferencia do Estado unitário. A dualidade estatal projeta-se na pluralidade dos ordenamentos jurídicos dentro da concepção tridimensional dos entes federativos: a comunidade jurídica total – o Estado Federal –, a Federação, uma comunidade jurídica central e os Estados-membros, que são comunidades jurídicas parciais." (HORTA, Raul Machado. *Crise institucional: o problema federativo*. In Revista do IARGS – Instituto dos Advogados do Rio Grande do Sul n. 21, dezembro de 1995 a junho de 1996, p. 52).

[87] A respeito dos conceitos de federalismo centrípeto, de federalismo centrífugo e de federalismo de equilíbrio, ver HORTA, Raul Machado. *Tendências Atuais da Federação Brasileira*, in Revista dos Tribunais: Cadernos de Direito Constitucional e Ciência Política, Ano 4, n. 16, julho-setembro de 1996, p. 13.

[88] HORTA, Raul Machado. *Formas simétrica e assimétrica do federalismo no Estado moderno*. In Estudos Jurídicos, Políticos e Sociais: Homenagem a Gláucio Veiga, (coord) Nelson Nogueira Saldanha e Palhares Moreira Reis, Curitiba: Juruá, 2000, p. 212.

quer das hipóteses mantendo intacta a essência do ideal federalista: a co-existência da soberania nacional e da autonomia dos membros federados. O modelo federativo brasileiro serve de exemplo lapidar de federalismo assimétrico: sem perder a idéia central de convivência entre unidade e autonomia, traz como peculiar característica, entre outras mais, a inclusão dos municípios como entes federados[89] (arts. 1º[90] e 18, *caput*,[91] CRFB).

Disso tudo se extrai que, por não existir "um conceito válido universalmente de estado federal" (Maurer),[92] as nuances do federalismo adotado em cada país[93] exigem extremo cuidado por parte daqueles que pretendam examinar o tema sob o foco do direito comparado, bastante comum em estudos nacionais. Como leciona Manoel Gonçalves Ferreira Filho "o Estado federal é um tipo ex-

---

[89] Contrariamos, aqui, o entendimento de JOSÉ AFONSO DA SILVA, para quem os municípios não detêm *status* de entidade federada: "A Constituição consagrou a tese daqueles que sustentavam que o Município brasileiro é 'entidade de terceiro grau, integrante e necessário ao nosso sistema federativo'. Data venia, essa é uma tese equivocada, que parte de premissas que não podem levar à conclusão pretendida. Não é porque uma entidade territorial tenha autonomia político-constitucional que necessariamente integre o conceito de entidade federativa. Nem o Município é essencial ao conceito de federação brasileira. Não existe federação de Municípios. Existe federação de Estados. Estes é que são essenciais ao conceito de qualquer federação." (SILVA, José Afonso da. *Curso de Direito Constitucional Positivo*. 9ª ed. São Paulo: Malheiros, 1993, p. 414). Parece-nos mais acertada a ponderação de TÉRCIO SAMPAIO FERRAZ JR.: "Na Federação brasileira o Município é um ente público, político, que constitui a República Federativa: '... formada pela união indissolúvel dos Estados e Municípios e do Distrito Federal' (Art. 1º, Constituição Federal). Trata-se de concepção normativa sui generis, posto que via de regra uma federação se constitui pela união dos Estados. A tradição brasileira, contudo, pela importância histórica do municipalismo na implantação da colônia, a unidade territorial 'Município', conquanto não representada no exercício político congressual (não há senadores municipais), constitui a federação brasileira." (FERRAZ JR., Tércio Sampaio. "Competência tributária municipal". *In Direito Tributário Atual* vol. 11/12, São Paulo: Resenha Tributária, co-edição do Instituto Brasileiro de Direito Tributário, 1992, p. 3.074).

[90] "Art. 1º. A República Federativa do Brasil, formada pela união indissolúvel dos Estados e Municípios e do Distrito Federal, constitui-se em Estado Democrático de Direito e tem como fundamentos: (...)"

[91] "Art. 18. A organização político-administrativa da República Federativa do Brasil compreende a União, os Estados, o Distrito Federal e os Muncípios, todos autônomos, nos termos desta Constituição."

[92] MAURER, Helmut. *Contributos para o Direito do Estado*. trad. Luís Afonso Heck. Porto Alegre: Livraria do Advogado, 2007, p. 149.

[93] Para o MINISTRO SEPÚLVEDA PERTENCE: "o princípio da 'forma federativa de Estado', princípio erigido em 'cláusula pétrea' de todas as Constituições da República, como tal não pode ser conceituado a partir de um modelo ideal e apriorístico de Federação, mas, sim, daquele que o constituinte originário concretamente adotou" (Medida Cautelar em ADIn 2.024, STF, Tribunal Pleno, Rel. Min. Sepúlveda Pertence, julgada em 03.05.2007, DJU 22/06/2007, p. 16).

tremamente variável no espaço e no tempo, um tipo em contínua modificação",[94] não se acomodando a uma concepção única e exclusiva.[95]

Quanto ao federalismo adotado pela CRFB de 1988,[96] parece-nos claro, conforme já referido, que está ele marcado pela presença dos municípios, entidade autônoma dotada das competências estabelecidas pelo próprio texto constitucional.[97] Não há, portanto, como se falar em federalismo no Brasil, ao menos não a partir da promulgação da Constituição de 1988, sem considerar os municípios como entidades autônomas.

---

[94] FILHO, Manoel Gonçalves Ferreira. *Curso de Direito Constitucional*. 11ª ed. São Paulo: Saraiva, 1982, p. 143.

[95] "Sendo múltiplo na sua edificação constitucional, o Estado Federal não se acomoda a uma concepção única e exclusiva, repartindo-se, ao contrário, em espécies variáveis no tempo e no espaço: federalismo dual, federalismo centrífugo, federalismo centrípeto, federalismo de segregação, federalismo clássico, novo federalismo e federalismo cooperativo. Na diversidade de seus tipos constitucionais e históricos recolhem-se, entretanto, elementos definidores, às vezes mais nítidos e constantes, outras vezes fluidos e imprecisos, mas, de qualquer forma, presentes na estrutura federal: a composição plural dos entes estatais, a indissolubilidade do vínculo federativo, a repartição de competências, a autonomia do Estado-membro, a intervenção federal, o sistema bicameral, a repartição tributária, a existência de um Supremo Tribunal, dotado de jurisdição conclusiva na interpretação e na aplicação da Constituição Federal, conforme modelo norte-americano ou de um Tribunal Constitucional, para o exercício concentrado da jurisdição constitucional, na mais recente criação do federalismo europeu." (HORTA, Raul Machado. *Crise institucional: o problema federativo*. In Revista do IARGS – Instituto dos Advogados do Rio Grande do Sul n. 21, dezembro de 1995 a junho de 1996, p. 53).

[96] "Na Constituição de 1988 o pêndulo da história mais uma vez se dirige ao extremo oposto à ordem constitucional que desaparece. Na busca do equilíbrio na Assembléia Constituinte, ao autoritarismo presente no modelo exaurido sucede-se a valorização das liberdades públicas, garantidas mediante novos instrumentos institucionais (hábeas data, mandado de segurança coletivo, ação de inconstitucionalidade por omissão, mandado de injunção) a par da revivescência da autonomia estadual, sobretudo expressa na partilha tributária mais favorável e a afirmação marcante da personalidade do município." (TÁCITO, Caio. *Temas de Direito Público (Estudos e Pareceres)*. 2º volume. Rio de Janeiro: Renovar, 1997, p. 1.127).

[97] "Nos cortes horizontais, atende-se conjuntamente à matéria e ao lugar. Temos, destarte, poderes federais e território federal; poderes estaduais e território estadual; poderes municipais e território municipal. Em relação aos Estados e aos Municípios, pode dizer-se que se repete <mutatis mutandis>, na órbita do Direito Interno, o fato do Direito das Gentes. A Constituição Federal, com maiores ou menores restrições de forma e de fundo, deixa aos Estados e aos Municípios uma esfera própria de competência a organizar. A competência estadual e municipal é, por este traço, semelhante à federal. Usando de velha terminologia, a competência dos Estados e Municípios é como a da União, originária." (CIRNE LIMA, Ruy. *Princípios de Direito Administrativo*. 5ª ed. São Paulo: RT, 1982, p. 143).

3.2. A autonomia dos municípios

Os municípios são entidades federativas dotadas de autonomia, que é "a revelação de capacidade para expedir as normas que organizam, preenchem e desenvolvem o ordenamento jurídico dos entes públicos" (Raul Machado Horta).[98] Tal capacidade de produzir normas atinge três campos distintos: o campo político, o campo administrativo e o campo financeiro.[99]

Dentre as três modalidades de autonomia atribuídas aos municípios,[100] cabe-nos examinar, de forma mais detida, a autonomia financeira – expressa nos dispositivos constitucionais que tratam da

---

[98] HORTA, Raul Machado. *Direito Constitucional*, 4ª ed. Belo Horizonte: Del Rey, 2003, p. 363. No mesmo sentido leciona ROQUE CARRAZZA: "(...) a autonomia municipal, sob a óptica do Direito, é a faculdade que a pessoa política Município tem de, dentro do círculo de competência pré-traçado pela Constituição, organizar, sem interferências, seu governo e estabelecer, *sponte propria*, suas normas jurídicas (João Mangabeira). Este último aspecto (competência para legislar) ganha particular relevo para que bem se caracterize a autonomia jurídica do Município. Com efeito, como apregoava Laband, a autonomia, debaixo de um ângulo técnico-jurídico, encerra, em sua maior expressão, sempre, uma faculdade legislativa, que supõe a aptidão de estabelecer, *por direito próprio* (e não por delegação), regras obrigatórias. Esta faculdade não é, evidentemente, soberana, porque deve manter-se nos limites (extensos, no caso) que a Constituição impôs a seu regular exercício." (CARRAZZA, Roque Antônio. *Princípios Constitucionais Tributários e Competência Tributária*, São Paulo: Revista dos Tribunais, 1986, p. 62).

[99] "Por autonomia municipal pode-se entender a faculdade conferida pela Constituição à pessoa política Município para editar nos limites por ela traçados suas próprias normas legislativas, dispor sobre seu governo e organizar-se administrativamente. O princípio da autonomia municipal expressa-se, especialmente, pelas disposições veiculadas nos arts. 29 e 30, da Constituição Federal. O primeiro deles contempla a autonomia política, outorgando ao Município o direito à eleição de Prefeito, Vice-Prefeito e Vereadores (inciso I), enquanto o art. 30, por seu inciso I, ao atribuir aos Municípios competência para legislar sobre assuntos de interesse local, confere-lhes competência para instituir e arrecadar os tributos de sua competência, bem como aplicar suas rendas, contempla a autonomia financeira. Tem-se, pois, nesses preceitos, o tripé que demarca a latitude da autonomia municipal: autonomia política, administrativa e financeira. Na atual Constituição, o conceito de autonomia deve ser extraído das três características fundamentais: instituição e arrecadação dos tributos de sua competência, eleição dos seus governantes e organização administrativa de tudo quanto seja predominantemente de interesse local. Rigorosamente, esse tríplice alicerce, sustentáculo da autonomia municipal, ainda hoje pode ser resumido na definição de João Mendes Júnior: 'Direção própria daquilo que é próprio'." (BARRETO, Aires F. *ISS na Constituição e na Lei*. São Paulo, Dialética, 2005, p. 9).

[100] Segundo GERALDO ATALIBA "a autonomia dos municípios está na base do princípio republicano e comparece como o mais importante e transcendental dos princípios do nosso direito público" (ATALIBA, Geraldo. *República e Constituição*, São Paulo: Revista dos Tribunais, 1985, p. 17). MISABEL ABREU MACHADO DERZI, por sua vez, afirma que "encontra-se, pois, o município, inserido no Estado brasileiro, como pedra de apoio ao federalismo" (DERZI, Misabel Abreu Machado. "Fundamentos da Competência Municipal". *Revista de Direito Tributário* n. 13-14, Ano 4, Julho-Dezembro de 1980, p. 111).

competência tributária municipal (art. 156 da CRFB). Segundo Celso Ribeiro Bastos "não poderia haver uma efetiva autonomia dos diversos entes que compõem a Federação se estes dependessem tão-somente das receitas que lhes fossem doadas" e "sem a independência econômica e financeira não pode haver qualquer forma de autonomia na gestão da coisa pública".[101] No âmbito da autonomia financeira, que também trata da capacidade de arrecadação de créditos não-tributários, merece maior atenção a autonomia tributária.

Considera-se dotado de autonomia tributária o ente público a que for outorgada capacidade de instituir normas de imposição tributária – chamadas por Paulo de Barros Carvalho de regras-matrizes de incidência tributária.

Essencial ao desempenho das atribuições públicas, a autonomia financeira possibilita ao ente federativo arrecadar recursos (receita pública),[102] especialmente através da instituição de tributos – que devem ser criados consoante permitem as normas de competência tributária e de acordo com as limitações constitucionais ao poder de tributar.

Ainda atuais, merecem lembrança as palavras de Goffredo Telles Jr.:

> Para exercer os atos de sua competência e desempenhar as funções que lhe são atribuídas, cada governo – local, regional ou nacional – necessita de rendas, que lhe permitam enfrentar as despesas acarretadas por seus encargos.[103]

---

[101] BASTOS, Celso Ribeiro. *Curso de Direito Financeiro e de Direito Tributário.* São Paulo: Saraiva, 1991, p 125.

[102] A propósito de receita pública, assim se pronuncia RICARDO LOBO TORRES: "Receita é a soma de dinheiro percebida pelo Estado para fazer face à realização dos gastos públicos. Assim sendo, o conceito de receita, embora fundamentalmente baseado no de ingresso, dele se estrema, pois o ingresso corresponde também à entrada de dinheiro que ulteriormente será restituído, como ocorre no empréstimo e nos depósitos. Por isso mesmo Aliomar Baleeiro definiu: 'receita pública é a entrada que, integrando-se no patrimônio público sem quaisquer reservas, condições ou correspondência no passivo, vem acrescer o seu vulto, como elemento novo e positivo (*op. cit.*, p. 116). Por outro lado, a receita não se confunde com o patrimônio público nem com os direitos da Fazenda Pública (vide p. 4). Há ingressos provenientes da exploração dos bens dominiais do Estado, que compõem a atividade financeira, mas o tema do patrimônio público pertence ao Direito Administrativo, e não ao Financeiro." (TORRES, Ricardo Lobo. *Curso de Direito Financeiro e Tributário*, 14ª ed. Rio de Janeiro: RENOVAR, 2007, p. 185/186).

[103] TELLES JR. Goffredo. "Discriminação Constitucional de Fontes de Receita Tributária". *Revista de Direito Público* n. 4, abril-junho de 1968, p.127.

Não há verdadeira autonomia sem que seja garantida ao ente federado a possibilidade de instituir normas de imposição tributária relativas aos fatos indicados pelo constituinte como pertencentes a sua esfera de tributação.[104] Por outros termos: sempre dentro das fronteiras fixadas pela Carta Constitucional, sejam aquelas decorrentes da própria norma de competência, sejam aquelas advindas das limitações constitucionais ao poder de tributar ou mesmo das demais normas de competência tributária destinadas a outros entes federativos,[105] a autonomia financeira garante aos municípios a instituição e cobrança dos tributos que lhes foram outorgados pelo constituinte, através de atos normativos próprios.[106]

3.3. A autonomia dos municípios e a lei complementar nacional

Muito se tem discutido a respeito da autonomia dos municípios e de sua limitação através de leis complementares editadas pelo

---

[104] "O problema da distribuição dos poderes em matéria tributária é particularmente delicado, porque não subsiste efetiva autonomia se não existe a potestade de proceder às exigências necessárias para enfrentar as necessidades financeiras do ente; a limitação ao poder de impor tributos comporta ineluctavelmente uma limitação à autonomia da entidade. Em particular, nos Estados federais resulta 'tão necessário que os governos dos Estados tenham possibilidade de contar com entradas próprias para enfrentar as suas necessidades, quanto que o governo nacional tenha análoga faculdade, a propósito das necessidades da União'." (UCKMAR, Victor. *Princípios comuns de direito constitucional tributário*. São Paulo: Revista dos Tribunais, 1976, p. 95).

[105] "A rigidez conceitual das regras de competência, antes referida, é fortalecida pela estrutura federativa. De fato, como a CF/88 institui uma República Federativa (artigo 1°), que pressupõe autonomia legislativa dos entes federados e uniformidade de atuação entre eles, a cada um é atribuído poder de tributar sobre determinados fatos, cujos conceitos não podem coincidir com aqueles conferidos a outro ente federado. Por isso, a cada fato previsto numa regra da CF/88 deve ser atribuído conceito diverso e mutuamente excludente dos conceitos previstos em outras regras de competência. É dizer: a competência legislativa autônoma implica exclusividade conceitual." (ÁVILA, Humberto. "Imposto sobre a prestação de serviços de qualquer natureza – ISS. Normas constitucionais aplicáveis. Precedentes do Supremo Tribunal Federal. Hipótese de Incidência. Base de cálculo e local da prestação. Leasing financeiro: análise de incidência". *Revista Dialética de Direito Tributário* n. 122, p. 122).

[106] "Em razão da soberania que o Estado exerce em seu território, dentre outros poderes, tem ele o poder de tributar. Porém, no Estado democrático de direito, onde todo o poder emana do povo, cabe aos constituintes como representantes deste juridicizar o exercício do poder, de tal sorte que, no caso da tributação, o *poder* de tributar se convola em *direito* de tributar, ou seja, no caso da Federação, cada esfera de governo somente poderá instituir o tributo para o qual recebeu da Constituição a respectiva competência, competência esta que terá que ser exercida dentro das limitações do poder de tributar." (NOGUEIRA, Ruy Barbosa. *Curso de Direito Tributário*, Saraiva, São Paulo, 1989, p. 123-124).

Congresso Nacional. Tais debates resultaram na formação de duas posições antagônicas: a primeira sustenta que a autonomia municipal não pode ser restringida senão pela Constituição da República e a segunda admite seja tal autonomia limitada também pela legislação complementar editada pelo Congresso.

A temática das leis complementares já foi objeto de estudo de grandes tributaristas, continuando, mesmo assim, a merecer especial atenção. Nos passos da clássica lição de Souto Maior Borges, há, entre leis complementares e leis ordinárias, ao menos duas grandes distinções.[107] Quanto à forma, as leis complementares exigem votação por maioria absoluta (art. 69, CRFB/88). Quanto ao conteúdo, o legislador constituinte a elas reservou algumas matérias específicas. Há, ainda, a nosso ver, a possibilidade de verificar-se um terceiro elemento diferenciador entre leis complementares e leis ordinárias no que atine ao Direito Tributário,[108] típico de países que tenham adotado o federalismo: as leis complementares podem servir de veículo de introdução de normas relativas à ordem total ou nacional, direcionadas a mais de uma dentre as três categorias de entes políticos (União, Estados/Distrito Federal e Municípios).

Na Federação brasileira há uma ordem jurídica total (nacional), que pode vincular qualquer dos entes políticos brasileiros e todos os cidadãos. Há, também, ordens jurídicas parciais (federal, estadual e municipal), que vinculam apenas o próprio ente político que as editou e seus respectivos administrados.[109] As leis ordinárias, no cam-

---

[107] "Sem que sejam conjugados dois requisitos constitucionais – *quorum* especial e qualificado – mais o âmbito material de competência legislativa próprio – não há lei complementar no direito constitucional brasileiro." (BORGES. José Souto Maior. *Lei Complementar Tributária*. São Paulo: Revista dos Tribunais, EDUC, 1975, p. 72).

[108] CANAZARO, Fábio. *Lei complementar tributária na Constituição de 1988: normas gerais em matéria de legislação tributária e a autonomia federativa*. Porto Alegre: Livraria do Advogado, 2005, p. 20.

[109] "A ordem jurídica de um Estado federal compõe-se de normas centrais válidas para o seu território inteiro e de normas locais válidas apenas para porções deste território, para os territórios dos 'Estados componentes (ou membros)'. As normas gerais centrais, as 'leis federais', são criadas por um órgão legislativo central, a legislatura da 'federação', enquanto as normas gerais locais são criadas por órgãos legislativos locais, as legislaturas dos Estados componentes. (...) As normas centrais formam uma ordem jurídica central por meio da qual é constituída uma comunidade jurídica central parcial que abarca todos os indivíduos residentes dentro do Estado federal. Essa comunidade parcial constituída pela ordem jurídica central é a 'federação'. Ela é parte do Estado federal total, assim como a ordem jurídica central é parte da ordem jurídica total do Estado federal. As normas locais, válidas apenas para partes definidas do território inteiro, formam ordens jurídicas locais por meio das quais são constituídas comunidades jurídicas parciais. Cada comunidade jurídica parcial abrange os indivíduos residentes dentro de um desses

po tributário, serão sempre veículos de introdução de normas da União, de um dos Estados, do Distrito Federal ou de um dos Municípios – dirão respeito às ordens parciais. No Direito Tributário, onde, a respeito de algumas matérias, há competência concorrente entre os Entes Políticos, uma lei ordinária municipal não vincula à União – como também uma lei ordinária federal não vincula aos Estados, ao Distrito Federal ou a qualquer dos Municípios. Já as leis complementares poderão (*i*) vincular a todos os Entes Políticos, (*ii*) apenas a alguns (ex: todos os Estados – LC 87/96) ou (*iii*) somente à União.[110] Nas duas primeiras hipóteses se estará a tratar de leis nacionais; na última, de lei federal.

As leis complementares editadas pelo Congresso Nacional podem espelhar normas relativas à ordem jurídica parcial da União (federal) – hipótese em que não vincularão aos Estados, Distrito Federal e Municípios. São as chamadas leis complementares federais (LCF). Serve de exemplo a lei complementar de que trata o art. 154, I, da CRFB/88,[111] relativa ao exercício da competência tributária residual da União. Embora se trate de lei complementar por determinação constitucional, sua órbita de aplicação não alcançará aos Estados, Distrito Federal e Municípios. As normas que dela se originarem serão, portanto, normas federais.

---

territórios parciais. Essas unidades jurídicas parciais são os 'Estados componentes'. Desse modo, cada indivíduo pertence, simultaneamente, a um Estado componente e à federação. O Estado federal, a comunidade jurídica total, consiste, assim, na federação, uma comunidade jurídica central, e nos Estados componentes, várias comunidades jurídicas locais. A teoria tradicional identifica, erroneamente, a federação com o Estado federal total." (KELSEN, Hans. *Teoria Geral do Direito e do Estado*.trad. Luis Carlos Borges, 4ª ed. São Paulo: Martins Fontes, 2005, p. 452-453). Adotando a lição de KELSEN, merece destaque a obra de JOSÉ SOUTO MAIOR BORGES (*Lei complementar tributária*, p. 64).

[110] "Assim, o critério de distinção entre a norma parcial emanada pela União e a norma total também originada no Legislativo da União decorre, pois, do aspecto pessoal de validade, ou seja, do destinatário desta norma. Equivocados, portanto, estão aqueles que vêem na lei complementar uma lei nacional, enquanto a lei ordinária seria uma simples lei federal. Não é o fato de ser complementar ou ordinária que revela a sua característica nacional ou federal, mas sim o âmbito pessoal de validade, ou melhor, seu destinatário. (...) sempre que for decretada lei de normas gerais, esta será de observância obrigatória por todos os administrados do Estado Federal e, especialmente, será observada pelos legisladores federal, estadual, distrital e municipal" (REIS, Elcio Fonseca. *Federalismo fiscal – competência concorrente e normas gerais em direito tributário*. Belo Horizonte: Mandamentos, 2000, p. 121/122).

[111] "Art. 154. A União poderá instituir:
"I – mediante lei complementar, impostos não previstos no artigo anterior, desde que sejam não-cumulativos e não tenham fato gerador ou base de cálculo próprios dos discriminados nesta Constituição;"

As leis complementares servirão, também, conforme já referido, como veículo de introdução de normas relativas à ordem total ou nacional,[112] hipótese em que vincularão não apenas à União, mas a todos os Entes Políticos ou a determinado grupo de Entes Políticos, por exemplo, aqueles dotados da(s) mesma(s) competência(s) tributária(s). Seu âmbito de validade pessoal, portanto, é distinto daquele relativo às leis que tratam da ordem jurídica central (federais), conforme havia percebido Souto Maior Borges.[113] São as aqui chamadas leis complementares nacionais (LCN).

Relembre-se a lição do saudoso Geraldo Ataliba:

> A lei federal vincula todo o aparelho administrativo da União e todas as pessoas que a ele estejam subordinadas ou relacionadas em grau de sujeição, na qualidade de seus administrados ou jurisdicionados. Imediatamente se vê que essa lei não colhe nem pode colher Estados, Municípios e Distrito Federal, e suas autarquias, que não são jurisdicionados nem administrados da União. Jurisdicionadas ou administradas da União são as pessoas – físicas ou jurídicas, não importa – contribuintes da União ou de qualquer forma relacionadas com seus serviços, com sua atividade ou com seu aparelho administrativo. Já a lei nacional é muito mais ampla e, como dito, transcende às distinções estabelecidas em razão das circunstâncias políticas e administrativas. A lei nacional, categoria jurídico-positiva diversa, é produto legislativo do Estado nacional, total, global.[114]

O enfrentamento do tema relativo às leis complementares nacionais (LCN) em matéria tributária desemboca na interpretação do

---

[112] "(...) a exigência de lei complementar também poderá, em situações especiais e extremamente peculiares, estar vinculada à matéria objeto de complementação, para temas que venham a subordinar todas as ordens jurídicas integrantes da Nação, e não apenas a União (pessoa de direito público interno), como ocorre com a lei ordinária federal. A existência de exceções com relação ao último requisito, o material, ocorre nos casos em que a simples previsão 'lei' presume lei complementar. A título de exemplo, podemos citar o previsto na alínea 'c' do inciso VI do art. 150 da CF/88, que, mesmo fazendo referência apenas à 'lei', alude a lei complementar, devido ao caráter de vinculação nacional da matéria a ser regulamentada e à hermenêutica que rege o sistema." (CANAZARO, Fábio. Op. cit., p. 36). No mesmo sentido: CARVALHO, Paulo de Barros. *Curso de Direito Tributário*, p. 227.

[113] "É entretanto importante observar que nem sempre a identificação do âmbito pessoal de validade das normas federais e nacionais se verifica, porque a lei nacional pode ter como destinatários não só a União, mas também os Estados-membros, Municípios e Distrito Federal. Quando a lei nacional, editada pela União, tem como destinatários esses outros entes constitucionais, o seu âmbito pessoal de validade diversifica-se nitidamente com referência ao das leis simplesmente federais." (BORGES, José Souto Maior. *Lei Complementar Tributária*. São Paulo: Revista dos Tribunais, EDUC, 1975, p. 68).

[114] ATALIBA, Geraldo. "Normas gerais de direito financeiro e tributário e autonomia dos Estados e Municípios". *Revista de Direito Público* n. 10, p. 49.

art. 146 da CRFB[115] e no aguerrido embate que travam os defensores das chamadas correntes dicotômica e tricotômica. A primeira, capitaneada por Geraldo Ataliba[116] e Paulo de Barros Carvalho,[117] advoga a tese de que a correta interpretação do art. 146 da CRFB redundará no entendimento de que as leis complementares tributárias somente poderão versar sobre conflitos de competência ou regular limitações constitucionais ao poder de tributar,[118] sob pena de afrontarem a autonomia dos Entes Federados (Estados e Municípios). Já a corrente tricotômica, defendida, entre outros, por Humberto Ávila[119] e Yves Gandra da Silva Martins,[120] admite, consoante expresso no art. 146

---

[115] "Art. 146. Cabe à lei complementar:
"I – dispor sobre conflitos de competência em matéria tributária, entre a União, os Estados, o Distrito Federal e os Municípios;
II – regular as limitações constitucionais ao poder de tributar;
III – estabelecer normas gerais em matéria de legislação tributária, especialmente sobre:
a) definição de tributos e de suas espécies, bem como, em relação aos impostos discriminados nesta Constituição, a dos respectivos fatos geradores, bases de cálculo e contribuintes;
b) obrigação, lançamento, crédito, prescrição e decadência tributários;
c) adequado tratamento tributário ao ato cooperativo praticado pelas sociedades cooperativas.
d) definição de tratamento diferenciado e favorecido para as microempresas e para as empresas de pequeno porte, inclusive regimes especiais ou simplificados no caso do imposto previsto no art. 155, II, das contribuições previstas no art. 195, I e §§ 12 e 13, e da contribuição a que se refere o art. 239."

[116] ATALIBA, Geraldo. "Lei Complementar em matéria tributária". Conferências e debates. *Revista de Direito Tributário* n. 48, p. 89 e seguintes.

[117] "O primeiro passo é saber o que são as tão faladas *normas gerais de direito tributário*. E a resposta vem depressa: são aquelas que dispõem sobre conflitos de competência entre as entidades tributantes e também as que regulam as limitações constitucionais ao poder de tributar. (...) E como fica a dicção constitucional, que despendeu tanto verbo para dizer algo bem mais amplo? Perde-se no âmago de rotunda formulação pleonástica, que nada acrescenta. Vejamos. Pode o legislador complementar, invocando a disposição do art. 146, III, *a*, definir um tributo e suas espécies? Sim, desde que seja para dispor sobre conflitos de competência. Ser-lhe-á possível mexer no fato gerador, na base de cálculo e nos contribuintes de determinado imposto? Novamente sim, no pressuposto de que o faça para dispor sobre conflitos. E quanto à obrigação, lançamento, crédito, prescrição e decadência tributários? Igualmente, na condição de satisfazer àquela finalidade primordial." (CARVALHO, Paulo de Barros. *Curso de Direito Tributário*, 20ª ed. São Paulo: Saraiva, 2008, p. 231).

[118] Endossando de forma expressa o entendimento da chamada corrente dicotômica: CARRAZZA, Roque. *Curso de Direito Constitucional Tributário*. 24ª ed. São Paulo: Malheiros, 2008, p. 898.

[119] ÁVILA, Humberto. *Sistema Constitucional Tributário: de acordo com a emenda constitucional n. 53, de 19.12.06*. São Paulo: Saraiva, 2008, p. 138.

[120] "Como se percebe, tríplice é a função da lei complementar não instituidora de tributos: dirimir conflitos de competência, regular a limitação constitucional ao poder de tributar e estabelecer normas gerais de direito tributário." (MARTINS. Yves Gandra da Silva. A Função da Lei Complementar Tributária – Legalidade do Decreto n. 3.070/99 e da I.N – SRF 060/99 – Possibilidade de Adoção de Imposto Fixo no Direito Tributário Brasileiro". *Revista Dialética de Direito Tributário* n. 65, p. 147).

da CRFB, que há três espécies de leis complementares: aquelas que veiculam normas gerais de direito tributário, as que regulam as limitações constitucionais ao poder de tributar e as que tratam de conflitos de competência.

Embora todo o respeito que mereçam os defensores da chamada corrente dicotômica, filiamo-nos, quanto ao ponto, à corrente tricotômica,[121] tendo em vista que há, sim, leis complementares nacionais que veiculam normas gerais de direito tributário em nada identificadas com as limitações ao poder de tributar ou com o trato de conflitos de competência – o que nos parece mais do que bastante a impedir a conclusão a que chegaram os adeptos da corrente dicotômica. Serve de ótimo exemplo o Livro Segundo do Código Tributário Nacional,[122] cuja denominação reforça a idéia aqui defendida: "Livro Segundo: Normas Gerais de Direito Tributário". Em seus enunciados, direcionados a todo e qualquer Ente Tributante, o que mais evidencia o caráter geral com que revestidas suas normas,[123] se

---

[121] Estamos, aqui, irmanados com o entendimento do MINISTRO CARLOS VELOSO, que afirma: "Não obstante os poderosos argumentos dos adeptos da corrente dicotômica, certo é que a prevalência da interpretação que conduziu à preponderância da corrente tricotômica não causou prejuízo ao princípio federativo, como bem esclareceu Gilberto de Ulhôa Canto: 'Dizer-se que a lei complementar afetava a autonomia dos Estados e Municípios, e por isso serem elas inconstitucionais, não é correto, pois a sua criação e o âmbito de sua competência estão expressos na mesma Constituição que assegura a autonomia, que assim é restringida na sua própria origem. Por outro lado, as suas normas inibem também a autonomia legislativa da própria União, na medida em que nem leis federais sobre tributos do poder central escapam à necessidade de se submeterem ao que as leis complementares prescrevem, dentro dos limites que lhe são próprios. Acresce que a lei complementar é elaborada pelo Congresso Nacional, em cujos quadros a União não tem condição alguma de influir, pois os Senadores representam os Estados e os Deputados os colégios eleitorais dos Estados e dos Municípios ('Lei complementar tributária', em 'Cadernos de Pesquisas Tributárias', Coordenação de Ives Gandra Martins, São Paulo, v. 15, p. 02-03)" (RE 361.829-6, STF, 2ª Turma, Rel. Min. Carlos Velloso, v.u., julgado em 13/12/2005, DJ 24.02.2006).

[122] "O CTN é nacional e não federal: aplica-se à União (inclusive Territórios, que a integram sem autonomia), aos Estados, ao DF e aos Municípios." (BALEEIRO, Aliomar. atualiz. DERZI, Misabel de Abreu Machado. *Direito Tributário Brasileiro*. 11ª ed. Rio de Janeiro: Forense, 2007, p. 38).

[123] A respeito de generalidade de normas, são preciosas as palavras de TÉRCIO SAMPAIO FERRAZ JR.: "(...) a noção de generalidade não é clara: uma norma pode ser geral ou porque se dirige a indiscriminadamente a todos (generalidade pelo destinatário) ou porque prescreve uma conduta genérica, uma conduta-tipo (generalidade pelo conteúdo). (...) Esses exemplos mostram que a atribuição de generalidade envolve o caráter de abstração e nem sempre o distingue com clareza. Se quiséssemos separar generalidade de abstração, como notas distintas, teríamos que vincular a primeira à generalidade pelo destinatário (generalidade em oposição à individualidade) e a segunda à generalidade pelo conteúdo (abstrato em oposição ao concreto)." (FERRAZ JR., Tércio Sampaio. *Introdução ao Estudo do Direito*. 4ª ed. São Paulo: Atlas, 2003, p. 121/122). Preferindo-se as palavras de PAULO DE BARROS CARVALHO: "Costuma-se referir a generalidade e a individualidade da norma quanto ao quadro de seus

está a tratar, por exemplo, de lançamento tributário, matéria nem mesmo próxima das limitações constitucionais ao poder de tributar ou de conflitos de competência. As normas que resultam da interpretação de tais dispositivos, parece certo, são, assim, normas gerais de direito tributário,[124] a exigir a edição de lei complementar. Não versam, contudo, a respeito de limitações constitucionais ao poder de tributar ou a respeito de conflitos de competência, o que confirma o desacerto com que labora a chamada corrente dicotômica.

Sobre as aqui chamadas leis complementares nacionais (LCN) que versam sobre normas gerais de Direito Tributário em nada relacionadas às finalidades listadas nos incisos I e II do art. 146 da Constituição, Humberto Ávila, com propriedade, adverte a respeito de sua função:[125]

destinatários: geral, aquela que se dirige a um conjunto de sujeitos indeterminados quanto ao número; individual, a que se volta a certo indivíduo ou grupo de indivíduos." (CARVALHO, Paulo de Barros. *Direito Tributário: fundamentos jurídicos da incidência*. 3ª ed. São Paulo: Saraiva, 2004, p. 35).

[124] Visando manter a coerência do sistema jurídico tributário frente à interpretação do art. 146 da CRFB, entendemos como *normas gerais de direito tributário* as normas advindas de leis complementares nacionais destinadas a todos os Entes Tributantes (União, Estados, Distrito Federal e Municípios) ou ao menos a toda uma categoria de Entes Tributantes (ex: todos os Estados ou todos os Municípios). Exemplo das primeiras: Código Tributário Nacional. Exemplo das segundas: LC n. 87/96 (ICMS). Dissentimos, assim, da doutrina de PAULO DE BARROS CARVALHO, para quem as *normas gerais de direito tributário* são simplesmente "aquelas que dispõem sobre conflitos de competência entre as entidades tributantes e também as que regulam as limitações constitucionais ao poder de tributar" (CARVALHO, Paulo de Barros. *Curso de Direito Tributário*, 20ª ed. São Paulo: Saraiva, 2008, p. 231). Já SACHA CALMON NAVARRO COELHO parece concordar com a posição aqui adotada, ao afirmar: "*a)* a edição de normas gerais de direito tributário veiculadas pela União, através do Congresso Nacional, mediante leis complementares (lei nacional) que serão observadas pelas ordens jurídicas parciais da União, dos Estados e dos Municípios, salvo sua inexistência, quando as ordens parciais poderão suprir a lacuna (§ 3º) até e enquanto não sobrevenha a solicitada lei complementar, a qual, se e quando advinda, paralisa as legislações locais, no que lhe forem contrárias ou incongruentes (§ 4º); *b)* a lei com estado de lei complementar sobre normas gerais de Direito Tributário, ora em vigor, é o Código Tributário Nacional, no que não contrariar a Constituição de 1988, a teor do art. 34, § 5º, do 'Ato das Disposições Constitucionais Transitórias' (*lex legum habemus*); "*c)* a lei complementar que edita normas gerais é lei de atuação e desdobramento do *sistema tributário*, fator de unificação e equalização aplicativa do Direito Tributário. Como seria possível existir um Código Tributário Nacional sem o instrumento da lei complementar, com império incontrastável sobre as ordens jurídicas parciais da União, dos Estados-Membros e dos Municípios?" (COELHO, Sacha Calmon Navarro. "A lei complementar como agente normativo ordenador do sistema tributário e da repartição de competências tributárias". *in Simpósio Nacional IOB de Direito Tributário: Grandes Temas Tributários da Atualidade*, Vol. 8, São Paulo: IOB, 1999, p. 148).

[125] "O recurso às normas gerais visou a conferir uma unidade de critério aos diversos subsistemas tributários (federal, estadual, municipal) naquilo que eles possuem em comum." (BASTOS, Celso Ribeiro. *Lei Complementar: teoria e comentários*. São Paulo: Saraiva, 1985, p. 75). "Na seqüência, temos que compete à União, na qualidade de legislador nacional, harmonizar

Em primeiro lugar, quando se trata de garantir uniformidade de atuação de *todos* os entes federados na relação que mantêm com os contribuintes, a CF/88 reserva à lei complementar a função de estabelecer normas gerais válidas em todo o território nacional (artigo 146, III). Essas normas gerais são instrumentos garantidores da segurança e da estabilidade normativa no sistema federativo.[126]

Parece certo que, afora as funções expressamente dispostas nos incisos I e II do art. 146 da CRFB, cabe às leis complementares nacionais (LCN) estabelecer enunciados relativos a normas gerais (art, 146, III, CRFB), para o fim precípuo de garantir uniformidade quanto aos procedimentos relativos a todas e a cada uma das três categorias de entes políticos (União, Estados/Distrito Federal e Municípios). Por essa razão o CTN trata de lançamento, crédito tributário, etc.

Há, no entanto, uma importante ressalva, relativa à interpretação da alínea *a* do inciso III do art. 146 da Carta Constitucional. O fato de se demonstrar que há leis complementares que dão origem a normas gerais de direito tributário sem que tenham por finalidade evitar conflitos de competência ou regular limitações constitucionais ao poder de tributar (ex: Livro Segundo do CTN) não impede que se constate, também, que há casos nos quais a vinculação da lei complementar a tais finalidades é indispensável, sob pena de violação ao princípio federativo e/ou à autonomia dos municípios.

Nessa linha, vale lembrar do magistério de Heleno Taveira Tôrres:

> Poderá a União instituir normas gerais para evitar eventuais conflitos de competência entre as pessoas tributantes. Mas nesse caso jamais poderá agredir a repartição constitucional de competências, pertinente ao federalismo e à autonomia dos Municípios. Por isso mesmo, o art. 146, III, *a*, ao prever a criação de normas gerais para dispor sobre *fatos geradores, bases de cálculo e contribuintes* dos *impostos* já

---

os procedimentos de cobrança e fiscalização dos tributos, tratando de *obrigação, lançamento e crédito* (arts. 146, III, 'b', e 155, § 2º, XII, da CF); e ainda uniformizar os prazos de decadência e prescrição. Decerto que a própria lei complementar poderá dispensar específicos tributos do regime geral, adotando prazos distintos, mas somente lei complementar terá esta faculdade. A razão é que tanto este quanto o anterior, ambos encontram-se fundados na premissa de que a Constituição deve primar pela redução de divergências." (TORRES, Heleno Taveira. "Funções das leis complementares no Sistema Tributário Nacional – Hierarquia de normas – Papel do Código Tributário Nacional no Ordenamento". Cadernos de Direito Tributário. *Revista de Direito Tributário* n. 84, p. 59).

[126] ÁVILA, HUMBERTO. "ICMS. Tratamento Diferenciado para Produtos Oriundos da Zona Franca de Manaus. Restrições ao Crédito por Ausência de Convênio Interestadual. Alíquotas e Créditos Diferenciados para Mercadorias Produzidas no Estado de São Paulo. Exame da Constitucionalidade das Restrições". *Revista Dialética de Direito Tributário*, n. 144, São Paulo, setembro de 2007, p. 66.

identificados na Constituição, estas somente serão constitucionais se comparecerem no sistema para especificar os limites do inciso I, i.e., para prevenir conflitos de competência entre as pessoas políticas.[127]

Ao tratar de "fatos geradores, bases de cálculo e contribuintes" dos impostos, a lei complementar deverá ter por finalidade prevenir conflitos de competência, tendo em vista que o critério material dos impostos já está definido ou ao menos bem esboçado nas respectivas normas de competência. Esclarecendo: para tratar de "fatos geradores, bases de cálculo e contribuintes" (art. 146, III, *a*, CRFB), as leis complementares nacionais não poderão simplesmente ter por justificativa o fato de pretensamente veicularem normas gerais de direito tributário. Deverão, também e necessariamente, ao tratar dos critérios material, quantitativo e pessoal das regras-matrizes de incidência tributária dos impostos, ter por finalidade a prevenção de conflitos de competência – além de manter coerência com as materialidades advindas dos conceitos constitucionais aparentes das regras de competência tributária.[128] Não poderá uma lei complementar nacional, por exemplo, sem ter por escopo prevenir conflitos de competência tributária, definir o fato gerador de um imposto de competência dos Municípios ou de competência dos Estados. Se o fizer, será inconstitucional, por violar o chamado princípio federativo e/ou a autonomia dos municípios. Nem se diga, quanto ao tema, que a prévia edição de leis complementares nacionais (LCN) tratando de "fatos geradores, bases de cálculos e contribuintes" dos impostos é requisito indispensável ao exercício da competência tributária pelos Estados, Distrito Federal e Municípios. Conforme dispõe o art. 24, § 3º, da CRFB, "inexistindo lei federal sobre normas gerais, os Estados exercerão a competência legislativa plena".[129] Havendo inques-

---

[127] TORRES, Heleno Taveira. "Código Tributário Nacional: Teoria da Codificação, Funções das Leis Complementares e Posição Hierárquica no Sistema". *Revista Dialética de Direito Tributário* n. 71, São Paulo, ago/2001, p. 98.

[128] "Todavia, é conveniente advertir que o campo de atuação da lei complementar em questão não é ilimitado já que deve sujeitar-se aos necessários freios da *regra-matriz* do ISS, extraída diretamente do texto constitucional, esta sim apta a indicar, com maior precisão, os contornos estruturais da exação, no que diz respeito a seus atributos essenciais" (BOTALLO, Eduardo Domingos. "Notas sobre o ISS e a Lei Complementar n. 116/2003". *in* ROCHA, Valdir de Oliveira. *O ISS e a LC 116*. São Paulo: Dialética, 2003, p. 77).

[129] Na oportunidade em que julgado o RE 136.215, o MINISTRO OCTAVIO GALOTTI assentou, ao examinar o art. 24, § 3º, da CRFB frente ao art. 146 do mesmo Diploma Constitucional, ser dispensável, a título de formalidade, a prévia edição de lei complementar, senão quando for tal lei "*materialmente imprescindível para a dirimência de conflitos de competência*" (RE 136.215-4/RJ, STF, Tribunal Pleno, REl. Min. Octávio Galotti, julgado em 18/02/1993, DJ 16.04.1993).

tionável isonomia entre os entes políticos,[130] também aos Municípios há de ser garantida a plenitude de sua competência tributária na ausência de legislação nacional. Pensar diferente equivale a solapar o denominado princípio da autonomia municipal.

Fixadas as bases relativas ao modelo de federalismo brasileiro e a forma de integração dos municípios na ordem nacional – em especial sua autonomia financeira, importa avançar na análise específica da regra de competência à instituição e cobrança do ISSQN, construída pela interpretação do art. 156, III, CRFB.

Não sendo a lei complementar *"materialmente imprescindível para a dirimência de conflitos de competência"*, poderão os Estados e Municípios exercer suas respectivas competências para a instituição de impostos de acordo com os limites advindos do texto constitucional, sem a prévia edição de lei complementar nacional.

[130] "Já observamos (ver comentários ao art. 2º, tópico 6), que, em um Estado do tipo federal, a isonomia entre as ordens jurídicas parciais (central, estadual e municipal, no caso brasileiro) é corolário lógico e necessário da descentralização dinâmica. Se os tributos de competência dos Estados nascem de fonte jurídica própria estadual, se aqueles, atribuídos aos Municípios pela Constituição, somente surgem de atos do Poder Legislativo municipal, órgão estatal eleito pelos munícipes, não pode haver hierarquia ou relação de supra-ordenação de um poder parcial sobre o outro. Caso houvesse, a descentralização dinâmica (político-jurídica), característica essencial do federalismo, estaria prejudicada. Há sim a subordinação das três ordens parciais a uma ordem jurídica total, ou nacional, que corresponde à parcela de poder não partilhada entre as distintas esferas estatais, e da qual são expressão mais evidente, as normas constitucionais e as normas gerais de Direito Tributário." (BALEEIRO, Aliomar. *Direito Tributário Brasileiro*. Rio de Janeiro, Forense, 2007, p. 76).

4. A regra de competência do ISSQN

4.1. A estrutura da regra de competência do ISSQN

Conforme já demonstrado, as normas de competência dos impostos, salvo a excepcional norma de competência residual da União (art. 154, I, CRFB), construídas a partir do texto constitucional, indicam o núcleo das hipóteses de incidência dos impostos, os respectivos critérios materiais aos quais deverão se adequar as normas de imposição tributária. As normas de competência esboçam os contornos das hipóteses de incidência futuramente descritas pelo legislador ordinário, prescrevendo as características que deverão ter os fatos sobre os quais poderá recair cada um dos impostos. Em seu antecedente consta a descrição da simples existência do respectivo Ente Político. Em seu conseqüente, a permissão para que tal Ente institua determinado imposto sobre os fatos que se enquadrarem na descrição que traz em si[131] (ex: comercialização de mercadorias; industrialização de produtos, ...).

O texto do qual se extrai a norma de competência do ISSQN – art. 156, III, da CRFB –, permite aos municípios sua instituição sobre "serviços de qualquer natureza, não compreendidos no art. 155, II, definidos em lei complementar". Conforme leciona Souto Maior Borges, a partir do art. 156, III, CRFB, formulam-se duas normas dis-

---

[131] "Com efeito, as regras de competência para a criação dos impostos descrevem fatos cuja ocorrência, coincidente com a previsão legal, gera o dever de pagá-los. A aplicação das regras de competência dá-se mediante uma operação de correspondência entre o conceito do fato concreto e o conceito do fato legalmente descrito" (ÁVILA, Humberto. *Teoria da Igualdade Tributária*. São Paulo: Malheiros, 2008, p. 93).

tintas: uma norma de competência tributária destinada aos municípios e uma outra norma destinada ao Congresso Nacional, relativa à elaboração de uma lei complementar que defina serviços de qualquer natureza tributáveis pelo ISSQN.[132]

A norma de competência tributária dos municípios, relativa à instituição e cobrança de imposto sobre serviços de qualquer natureza, guarda a seguinte estrutura normativa:[133]

- Antecedente: Se houver Município;
- Conseqüente: a ele deve-ser permitida a instituição de ISSQN sobre "serviços de qualquer natureza, não compreendidos no art. 155, II, definidos em lei complementar".

Não havendo maiores dúvidas quanto a seu antecedente, a regra de competência do ISSQN esconde aos menos duas grandes dificuldades quando da construção de seu conseqüente: (*i*) qual o conceito constitucional de "serviço" e (*ii*) qual o conteúdo semântico da expressão "definidos em lei complementar".

---

[132] "Adverte, com toda razão, Alfredo Augusto Becker, esse esquecido, para o erro elementar de não saber distinguir, numa única fórmula literal legislativa, duas ou mais regras jurídicas de natureza distinta. Essa advertência é plenamente aplicável, *mutatis mutandis*, ao estudo do art. 156, III, da Constituição Federal. Com efeito, esse dispositivo, não obstante a sua formulação unitária, pode ser decomposto em duas normas distintas, ambas relativas a competência: I – a primeira outorga competência aos Municípios para instituir imposto sobre serviços de qualquer natureza, não compreendidos na competência tributária dos Estados; II – a segunda outorga competência à União, para mediante lei complementar, definir tais serviços." (BORGES, José Souto Maior. "Aspectos fundamentais da competência para instituir o ISS". *In* TORRES, Heleno Taveira (organ.). *ISS na Lei Complementar n. 116/2003 e na Constituição*. Barueri, São Paulo: Manole, 2004, p. 17). Embora todo o respeito que mereça o insigne SOUTO MAIOR BORGES, parece-nos mais adequado, ao invés de União, colocar como responsável pela edição da lei complementar de que trata o art. 156, III, CRFB, o Congresso Nacional.

[133] "One part of any rule, wich some writers refer to as the *protasis* and others call the *operative facts*, specifies the scope of the rule, the factual conditions triggering the application of the rule. This component of a rule, wich I refer to as it's *factual predicate* can be understood as it's *hipothesis*, for prescriptive rules can be formulated in a way such that they commence with 'If x', when 'x' is a descripted statement the truth of wich is both a necessary and sufficient condition for the applicability of the rule. (...) Rules also contains what I call the *consequent*, prescribing what is to happen when the conditions specified in the factual predicate obtain." (SCHAUER, Frederick. *Plaiyng by the rules: a philosofical examination of rule-based decision-making in law and in life*. Claredon: Oxford, 2002, p. 23). "No interior de cada proposição temos antecedentes (hipóteses) e conseqüentes (teses), que Kelsen chama *pressupostos* e *conseqüências*. Damos por assente que *a relação implicacional que articula o interior de cada proposição vem deonticamente modalizada*." (VILANOVA, Lourival. *As estruturas lógicas e o sistema do direito positivo*. São Paulo: Ed. Revista dos Tribunais, 1977, p. 65). No mesmo sentido: ALEXANDER, Larry. SHERWIN, Emily. *The rule of rules: morality, rules and the dilemmas of law*. Duke University Press, 2001, p. 27.

O desafio ora proposto consiste exatamente no enfrentamento de tais questões.

4.2. O conceito constitucional de serviço

Ponto inicial a ser examinado para a correta elaboração do conseqüente da regra de competência do ISSQN, deverá o intérprete atribuir sentido à expressão "serviços de qualquer natureza". Para tanto, necessário atribua ao signo "serviços" algum significado (constitucional) que posteriormente servirá de baliza à construção da respectiva regra de imposição tributária (regra-matriz de incidência tributária) pelo legislador municipal.[134]

Deverá o intérprete, dessa forma, não havendo no próprio texto constitucional a denotação do significado da expressão "serviço", seguir a metodologia traçada em capítulos anteriores, baseada na doutrina de Karl Larenz, através da qual poderá construir o conceito constitucional de serviço e em seqüência elaborar a regra de competência do ISSQN.[135]

4.2.1. O sentido literal do signo "serviço"

Como visto, Larenz parte do "sentido literal" das expressões postas nos textos jurídicos, o qual retira dos "usos lingüísticos" – que podem ser gerais (comuns) ou especiais (técnicos). Os "usos

---

[134] O voto-condutor do RE 361.829/RJ, da lavra do MINISTRO CARLOS VELLOSO, traz em si a idéia ora defendida, através do seguinte alerta: "Isto não quer dizer que a lei complementar possa definir como tributáveis pelo ISS serviços que, ontologicamente, não são serviços. No conjunto de serviços tributáveis pelo ISS, a lei complementar definirá aqueles sobre os quais poderá incidir o mencionado imposto." (RE n. 361.829/RJ, STF, 2ª Turma, Rel. Min. Carlos Velloso, v.u., julgado em 13/12/2005, DJU 24.02.2006, p. 51, LEXSTF vol. 28, n. 327, 2006, p. 240-257). Substituindo a expressão "serviços que ontologicamente não são serviços" por "serviços que não se enquadrem no conceito constitucional de serviços", nada separa o entendimento pretoriano daquele aqui adotado.

[135] "Enunciado o fundamento maior do ISS no artigo 156, III, da Carta de 1988, é dele que se parte para sua explicação. Permite-se que, querendo, o Município institua, por lei, imposto sobre '...serviços de qualquer natureza...'. Sem maiores dificuldades, vê-se que a tributação pode incidir em relação a 'serviço'. Daí que toda e qualquer análise de sua hipótese de incidência deve ter origem na compreensão do significado jurídico de 'serviço'." (BAPTISTA, Marcelo Caron. ISS: do texto à norma. São Paulo: Quartier Latin, 2005, p. 251).

lingüísticos" gerais são extraídos de uma comunidade discursiva indeterminada. Já os "usos lingüísticos" especiais são colhidos de comunidades discursivas determinadas (ex: comunidade jurídica).[136]

O vocábulo "serviço", núcleo da regra de competência do ISSQN, detinha, quando da promulgação da Carta Constitucional de 1988, múltiplos significados advindos do que Hugo de Brito Machado chamou de "linguagem comum":

> Na linguagem comum a palavra serviço é plurissignificativa. A Academia de Ciências de Lisboa a registra em seu dicionário com nada menos do que 34 significados. Em todos eles, porém, geralmente se vê a idéia de ação que atende uma necessidade. Assim, serviço é *acção de ser útil; acto ou efeito de servir*. É também *estado de quem se disponibiliza* ou *actua em benefício de outrem*. É ainda a *actividade realizada nas fileiras das forças armadas*, e também o *conjunto das funções ou tarefas executadas em benefício ou por mando de outrem*.
> Podemos dizer então que "serviço é ato ou efeito de servir, de dar de si algo em forma de trabalho".
> Vê-se, assim, que está no núcleo do conceito de serviço a idéia de ação humana destinada ao atendimento de outrem.[137]

Havia, contudo, quando da promulgação da Carta Constitucional de 1988, a respeito da expressão "serviço", não apenas sentidos advindos dos "usos lingüísticos comuns". Existia, já, um conceito advindo dos "usos lingüísticos especiais": o conceito jurídico de serviço, que se originava da interpretação à época conferida às disposições do Código Civil de 1916.

Pontes de Miranda referia em sua maior obra:

> Lê-se no Código Civil, art. 1.216: "Tôda a espécie de serviço ou trabalho lícito, material ou imaterial, pode ser contratada mediante retribuição". *Servir* é prestar atividade a outrem.[138]

---

[136] Fica, aqui, pequeno registro a respeito de que a origem dos chamados "usos lingüísticos" especiais ou técnicos remonta, também, ao "uso lingüístico" geral, do que não surpreende existam, entre ambos, diversas similitudes. Segundo AULIS AARNIO "legal language is normally based on standart language. Legal terms obtain a meaning in accordance with ordinary language" (AARNIO, Aulis. *Reason and authority: a treatise on the dynamic paradigm of legal dogmatics*. Cambridge: Dartmouth, 1997, p. 165).

[137] MACHADO, Hugo de Brito. "O conceito de serviço e algumas modalidades listadas no anexo da LC n. 116/03". *In* TORRES, Heleno Taveira (organ.). *ISS na Lei Complementar 116/2003 e na Constituição*. Barueri, SP: Manole, 2004, p. 564/565.

[138] MIRANDA, Pontes de. *Tratado de Direito Privado*, Vol. XLVII, 3ª ed. São Paulo: Revista dos Tribunais, 1984, p. 3.

Na esteira do quanto já dito, havendo dissonância entre o significado que pode ser extraído dos "usos lingüísticos comuns" e aquele que pode ser retirado dos "usos lingüísticos técnico-jurídicos", o postulado da unidade do sistema jurídico impõe ao intérprete a adoção do segundo. No caso da expressão "serviço", que detinha múltiplos sentidos de acordo com os "usos lingüísticos comuns" vigentes à época da promulgação da Carta Constitucional, coincidindo um deles com o sentido extraído do "uso lingüístico técnico-jurídico", sobre ele deverá recair a opção do intérprete. Dessa maneira, deve ser adotado como "sentido literal" o significado de "serviço" extraído dos "usos lingüísticos técnico-jurídicos": prestar atividade a quem. A construção do conceito constitucional de serviço pelo intérprete partirá, portanto, da noção de serviço fixada pela comunidade jurídica pré-constitucional.[139]

O "sentido literal" do signo "serviço", de que partirá o intérprete, expressa, dessa forma, um ato humano voluntário, prestado em favor de terceiro.[140] A noção de servir está, assim, diretamente ligada à idéia de prestar atividade a outrem, de fazer. Eis, aqui, a razão pela qual tanta importância se credita à distinção feita entre as chamadas obrigações de dar e de fazer no que toca ao exame da subsunção do conceito dos fatos ao conceito de "serviço". O "sentido literal" advindo dos "usos lingüísticos técnico-jurídicos", ponto de partida do intérprete do art. 156, III, CRFB, afasta, desde logo, qualquer pretensão de se alocar sob o conceito de "serviço" fatos que expressem obrigações de dar.

---

[139] "O conceito de serviço tributável, empregado pela CF para discriminar (identificar, demarcar) a esfera de competência dos Municípios, é um conceito de Direito Privado. Assim, é indispensável – para reconhecer-se a precisa configuração dessa competência – verificar o que, segundo o Direito Privado, se compreende no conceito de serviço. É no interior dos lindes desse conceito no Direito Privado que se enclausura a esfera de competência dos Municípios para a tributação dos *serviços de qualquer natureza,* dado que foi por ele que a CF, de modo expresso, a discriminou, identificou e demarcou." (BARRETO, Aires F. *ISS na Constituição e na Lei.* 2ª ed. São Paulo: Dialética, 2005, p. 33).

[140] "O serviço sempre é uma atividade humana, prestada **para** outra pessoa, produzindo em seu favor uma utilidade material. É a partir desse conceito que se pode chegar ao de 'serviço tributável', ou seja, a determinação daquele campo demarcado por este conceito, juridicamente qualificado – pela Constituição – como passível de sofrer tributação." (ATALIBA, Geraldo; BARRETO, Aires F. "ISS – Locação e Leasing". *Revista de Direito Tributário* n. 51, 1990, São Paulo, p. 52; grifo do original). "De modo que, nos termos da Constituição, a hipótese de incidência do ISS *só pode ser* a prestação, a terceiro, de uma utilidade (material ou imaterial), com conteúdo econômico, sob regime de direito privado (em caráter negocial, pois). Evidentemente, tudo o que não configure prestação de serviço passa ao largo do ISS." (BOTALLO, Eduardo Domingos. "Notas sobre o ISS e a Lei Complementar n. 116/2003". *In* ROCHA, Valdir de Oliveira (coord.). *O ISS e a LC 116.* São Paulo, Dialética, 2003, p. 80).

Pelas palavras de José Eduardo Soares de Mello, tem-se que

> O cerne da materialidade da hipótese de incidência do imposto em comento não se circunscreve a "serviço", mas a uma "prestação de serviço", compreendendo um negócio (jurídico) pertinente a uma obrigação de "fazer" (...).[141]

Adotando o referido entendimento doutrinário, o Órgão Pleno do Supremo Tribunal Federal, ao julgar o RE n. 116.121/SP,[142] definiu que, por não se tratarem de obrigações de fazer, as locações de bens móveis não se subsumem ao conceito constitucional de serviço, estando, assim, fora do âmbito de incidência do ISSQN. Segundo os dizeres do Ministro Celso de Mello, "o ISS somente pode incidir sobre obrigações de fazer, a cuja matriz conceitual não se ajusta a figura contratual da locação de bens móveis".

Em seqüência, afirmou o Ministro Celso de Mello:

> O fato irrecusável é um só: a Constituição, quando atribui competência impositiva ao Município para tributar serviços de qualquer natureza, não compreendidos na competência das outras pessoas políticas, exige que só se alcancem, mediante incidência do ISS, os atos e fatos que se possam qualificar, juridicamente, como serviços.
> Cumpre assinalar, por necessário, especialmente em face das considerações expostas, que a legislação tributária, emanada de qualquer das pessoas políticas, não pode alterar a definição, o conteúdo e o alcance dos institutos, conceitos e formas de direito privado, utilizados, expressa ou implicitamente, pela Constituição Federal, para definir ou limitar competências tributárias.

Salta aos olhos que, ao julgar o RE 116.121/SP, o STF, através do voto-condutor proferido pelo Ministro Celso de Mello, acolheu a tese ora defendida, a respeito da necessária consideração, para a construção do conceito constitucional de serviço, do sentido adotado pela legislação civilista da época. Mais do que isso: a partir da incorporação do sentido que advinha do Direito Civil e foi absorvido pelo texto constitucional, assentou o STF que é vedado aos legisladores infraconstitucionais dispor em sentido contrário. Em outras palavras: se o conceito constitucional de serviço, para fins de incidência do ISSQN, exige que se esteja a tratar de obrigações de fazer, não pode o legislador, ordinário ou complementar, determinar que certas obrigações de dar servirão à incidência do tributo municipal.

---

[141] MELLO, José Eduardo Soares de. *Aspectos Teóricos e Práticos do ISS*. São Paulo: Dialética, 2000, p. 29.
[142] RE 116.121/SP, STF, Pleno, Rel. Min. Octávio Gallotti, julgado em 11/10/2000, DJU 25/05/2001, p. 17.

A restrição constitucional é nítida e não admite exceções legais: somente poderão ser tributados pelo ISSQN fatos que representem obrigações de fazer.

Embora já estivesse claro, a partir daí, que o conceito constitucional de "serviço" haveria de abarcar a idéia de obrigação de fazer prestada em favor de outrem, retirada do "sentido literal" que advém dos "usos lingüísticos técnico-jurídicos" prévios à promulgação do texto constitucional, sua ponderação frente ao "contexto de significado" serve a precisá-lo ainda mais.

4.2.2. O signo "serviço" frente ao "contexto de significado" advindo da CRFB

De acordo com a lição de Larenz, o "contexto de significado" exige que haja concordância entre os sentidos atribuídos ao mesmo signo e também coerência na compreensão de todo o discurso formado dentro de um mesmo sistema. Dessa maneira, estando-se diante de um sistema tributário marcado por rígidas definições de conteúdo, a partir das quais se garante a cada ente político e apenas a ele a criação de impostos sobre fatos que se enquadrem nas descrições (generalizações) advindas da interpretação dos signos postos pelo legislador constitucional, parece evidente que não pode haver coincidência de sentido entre os signos utilizados em uma e outra regra de competência. Por outro giro: se aos Municípios e apenas aos Municípios deve ser garantida a instituição e cobrança de imposto sobre "serviços de qualquer natureza" e aos Estados e somente aos Estados a instituição e cobrança de imposto sobre "operações de circulação de mercadorias", as referidas expressões devem apresentar diverso conteúdo semântico. Seria de todo ilógico e contrário ao sistema tributário nacional admitir que o núcleo da materialidade dos diversos impostos, fixado por determinadas expressões ("serviços", "circulação de mercadorias", ...), pudesse apresentar idêntico significado.

Irretocável, a propósito, a lição de Humberto Ávila:

> A reserva constitucional material é estabelecida *indiretamente* nos casos em que a Constituição, implementando a sua divisão de competências no Estado Federal, ao atribuir poder para uma entidade política tributar um fato, implicitamente atribui poder para outra entidade política tributar fato diverso. Esse é o caso da atribuição de

competência para tributar a circulação de mercadorias. Como o poder de tributar as operações com imóveis foi atribuído aos Municípios pela competência para instituir o Imposto sobre a Transmissão de Bens Imóveis, a palavra "mercadoria", na regra de competência para tributar a circulação de mercadorias, só pode ser conceituada como bem móvel. Esse também é o caso da regra de competência para instituir o Imposto sobre Serviços de Qualquer Natureza. Como o poder para tributar as vendas de bens e, portanto, as obrigações de dar, foi atribuído aos Estados pela competência para instituir o Imposto sobre a Circulação de Mercadorias, a palavra "serviços", na regra de competência para tributar a prestação de serviços, só pode ser conceituada como uma obrigação de fazer.[143]

Embora insuficiente à final delimitação do conteúdo semântico da expressão "serviço", disposta na regra de competência do ISSQN, é possível afirmar que tal significado não poderá ser igual ao significado das expressões "renda e proventos de qualquer natureza", "operações de circulação de mercadorias", "operações de crédito, câmbio e seguro ou relativas a títulos ou valores mobiliários" ou de qualquer outra materialidade de imposto cujo arquétipo tenha sido fixado pela Constituição da República.[144] O critério

---

[143] ÁVILA, Humberto. *Sistema Constitucional Tributário: de acordo com a emenda constitucional n. 53, de 19.12.06*. São Paulo: Saraiva, 2008, p. 207.

[144] Para ANDREI PITTEN VELLOSO: "Exemplificando, embora se analisando separadamente do contexto constitucional a expressão 'serviços de qualquer natureza' (art. 156, III, da CF, na redação dada pela Emenda Constitucional n. 3/93) possa ser afirmado que abrange todo e qualquer serviço, tal ilação nunca poderá ser resultado de uma atividade interpretativa, porquanto os vocábulos que lhe seguem no mesmo enunciado ('não compreendidos no art. 155, II) excluem os serviços tributáveis pelo ICMS ('serviços de transporte interestadual e intermunicipal e de comunicação') e, além disso, uma exegese mais aprofundada poderá levar à conclusão de que há outros serviços excluídos da competência municipal, tais como aqueles que já são passíveis de tributação pelo IPI e pelo IOF. Em outros termos, o conceito tributário de 'serviços de qualquer natureza' não abrange, de forma alguma, todos e quaisquer serviços, o que torna hialina a influência do contexto para a determinação do significado dos signos linguísticos." (VELLOSO, Andrei Pitten. *Conceitos e competências tributárias*. São Paulo: Dialética, 2005, p. 189). Por outras palavras, afirma RICARDO LOBO TORRES: "O ISS é um imposto residual. Incide sobre os serviços que não estejam essencial e indissoluvelmente ligados à circulação de mercadorias, à produção industrial, à circulação de crédito, moeda estrangeira e títulos mobiliários, pois em todos esses fatos econômicos há parcela de trabalho humano. Em outras palavras, incide sobre os fatos geradores não incluídos nas órbitas dos outros impostos sobre produção e circulação de riquezas (IPI, ICMS, IOF) e por essa extrema complexidade carece de enumeração taxativa na lei complementar." (TORRES, Ricardo Lobo. *Curso de Direito Financeiro e Tributário*, 14ª ed. Rio de Janeiro: RENOVAR, 2007, p. 400). Na mesma linha, BERNARDO RIBEIRO DE MORAES: "O ISS incide sobre serviços de qualquer natureza, desde que não compreendidos na competência tributária da União ou dos Estados. Devemos observar que essa natureza residual do tributo municipal deve ser encontrada levando-se em conta exclusivamente a discriminação constitucional de rendas tributárias, isto é, a redação da partilha de competência" (MORAES, Bernardo Ribeiro de. *Doutrina e Prática do Imposto sobre Serviços*. São Paulo: Revista dos Tribunais, 1975, p. 101).

material[145] dos impostos, pré-estabelecido nas correlatas regras de competência tributária, não pode coincidir; ao contrário, deve apresentar diferenças semânticas nítidas, o que só se realiza pela exclusividade conceitual.[146] Não fosse assim, haveria superposição de conceitos, que retiraria do sistema tributário nacional a rigidez da distribuição de competências tributárias indispensável ao modelo federalista brasileiro.

Tamanha a importância de se discernir a materialidade dos impostos, *discrimen* utilizado pelo constituinte com o objetivo de apartar as competências relativas a tal espécie tributária, que não poderão servir à incidência do ISSQN serviços-meio (atividades-meio) – os quais se prestam à final realização de fato correspondente à descrição constante em outra norma de competência, diversa daquela advinda da interpretação do art. 156, III, CRFB. Que fique claro: somente poderão ser tributados pelo ISSQN os serviços que são um fim-em-si-mesmo e não aqueles prestados como meio de realização de outro fato, já albergado pela descrição de diversa norma de competência (atividade-meio)[147] – o que demonstra, desde já, ser

---

[145] "Cuidemos, de início, do critério material. Nele, há referência a um comportamento de pessoas, físicas ou jurídicas, condicionado por circunstâncias de espaço e de tempo (critérios espacial e temporal). Por abstração, desliguemos aquele proceder dos seus condicionantes espaço-temporais, a fim de analisá-lo de modo particular, nos seus traços de essência. (...) Esse núcleo, ao qual nos referimos, será formado, invariavelmente, por um verbo, seguido de seu complemento." (CARVALHO, Paulo de Barros. *Curso de Direito Tributário*, 20ª ed. São Paulo: Saraiva, 2008, p. 286).

[146] "Essa exclusividade conceitual permite saber tanto o que o termo constitucional pode significar quanto o que ele não pode significar. Como, por exemplo, o poder para tributar a venda de bens – e, portanto, a obrigação de dar – foi atribuído aos Estados por meio da regra de competência para instituir o imposto sobre circulação de mercadorias, a palavra 'serviços', na regra municipal de competência para tributar a prestação de serviços, por excludente oposição, só pode ser conceituada como uma obrigação de fazer. E como o termo 'serviços' foi incluído na regra de competência dos Municípios, o seu conceito não poderá abranger o de operações financeiras, compreendido no poder concedido à União Federal, ou o de venda de mercadorias, inserido no poder atribuído aos Estados. Entendimento de que o poder de tributar de um ente federado poderia cruzar com o de outro ou se sobrepor ao de outro provocaria a implosão da estrutura federativa concebida na CF/88." (ÁVILA, Humberto. "Imposto sobre a prestação de serviços de qualquer natureza – ISS. Normas constitucionais aplicáveis. Precedentes do Supremo Tribunal Federal. Hipótese de Incidência. Base de cálculo e local da prestação. Leasing financeiro: análise de incidência". *Revista Dialética de Direito Tributário* n. 122, p. 122/123).

[147] "TRIBUTÁRIO. Imposto sobre Serviços. Atividades bancárias. Custódia de títulos, elaboração de cadastro, expediente. Serviços sem autonomia própria, inseparáveis da atividade financeira, que não suscitam o imposto municipal sobre serviços. Exceção consignada na própria lei municipal para as instituições financeiras" (RE 97.804-6/SP, STF, 2ª Turma, Rel. Min. Décio Miranda, julgado em 26/06/1984, v.u., DJU 31/08/1984, p. 13.937). No voto-condutor desse acórdão, assinalou o MINISTRO DÉCIO MIRANDA, quanto aos serviços de expediente,

fundamental à escolha da norma de competência tributária aplicável o exame da finalidade com que realizado o fato tributável. Se a finalidade da obrigação de fazer for apenas servir de meio à consecução de outro fato (ex: industrialização de produtos), não incidirá o ISSQN.[148] Se for um fim-em-si-mesmo, incidirá.

Já daí se vê que a construção de uma única regra de competência para a instituição de impostos exige a consideração, ao menos, de todas as demais, que formam, consigo, um verdadeiro *subsistema de regras de competência*.[149] Tal subsistema servirá, no âmbito do "contexto de significado", à delimitação conceitual das expressões utilizadas como núcleo de cada materialidade.[150] Possível verificar,

---

que se tratam de "serviços variados, prestados no exercício de atividade-meio do comércio bancário, que, como diz o acórdão recorrido, 'não chegam a constituir um serviço próprio, autônomo'." Logo em seguida, concluiu o MINISTRO DÉCIO MIRANDA: "trata-se de serviços dependentes, ancilares, sem autonomia própria, e, como tais, não especificados na lista de serviços anexa ao Decreto-lei n. 834/1969 e assim intributáveis pelo Município".

[148] Por todos, leciona AIRES F. BARRETO: "Só há serviço, da perspectiva jurídica, se e quando instaurada uma relação jurídica de conteúdo econômico, pela qual uma pessoa promete um certo fazer para outra, mediante remuneração. O ISS só incide em razão de uma atividade contratada como fim, correspondente à prestação de um serviço integralmente considerado em certo item e subitem, e não sobre as atividades-meio necessárias à obtenção desse *desideratum*" (BARRETO, Aires F. *ISS na Constituição e na Lei*. 2ª ed. São Paulo, Dialética, 2005, p. 129). No campo jurisprudencial, vale destacar recente julgado do STJ, cuja ementa restou assim vazada: "TRIBUTÁRIO. ISS. SERVIÇOS. ATIVIDADE-MEIO. NÃO-INCIDÊNCIA. 1. Não incide o ISS sobre serviços prestados que caracterizam atividades-meio para atingir atividades-fim, no caso a exploração de telecomunicações. 2. Marcelo Caron Baptista, em 'ISS – Do Texto à Norma', editada pela Quartier Latin, p. 692, doutrina: 'A prestação de serviço tributável pelo ISS é, pois, entre outras coisas, aquela em que o esforço do prestador realiza a prestação-fim, que está no centro da relação contratual, e desde que não sirva apenas para dar nascimento a uma relação jurídica diversa entre as partes, bem como não caracteriza prestação do serviço de transporte interestadual, intermunicipal ou de comunicação, cuja tributação se dará pela via do ICMS'. 3. São serviços-meio para o alcance dos serviços-fim de telecomunicações os de secretaria, datilografia, habilitação, mudança e religação de aparelhos, despertador, processamento de dados, entre outros. Não-incidência de ISS. 4. O STF tem jurisprudência consolidada no sentido de não incidir ISS sobre locação de bens móveis. Reconhece, também, proteção de imunidade tributária para a edição e publicidade das listas telefônicas. 5. Seguimento da orientação do Supremo Tribunal Federal. Reconhecimento de ser inaplicável legislação infraconstitucional interpretada em desacordo com a jurisprudência da Corte Maior. 6. Recurso especial provido." (REsp 883254, STJ, 1ª Turma, Rel. Min. José Delgado, julgado em 18.12.2007, DJU 28.02.2008, p. 74).

[149] "(...) empregaremos a expressão 'sistema de competências impositivas' num sentido restrito, designando o sistema constituído pelas normas atributivas e excludentes de competências tributárias, bem como as concernentes à divisão da competência tributária entre as pessoas políticas." (VELLOSO, Andrei Pitten. *Conceitos e competências tributárias*. São Paulo, Dialética, 2005, p. 144).

[150] Interessante registrar que a previsão constitucional de algum serviço específico na norma de competência de outro ente político retira, por si só, a competência dos municípios para a instituição do ISSQN. É desnecessária, portanto, a menção disposta no inciso III do art. 156

dessa forma, que junto à *eficácia positiva* (permitir à criação de regras de imposição tributária), as regras de competência apresentam *eficácia negativa*:[151] delimitar a competência dos demais entes políticos diversos daqueles por si própria beneficiados, indicados em seu antecedente.

Do "contexto de significado" se retira, ainda, a impossibilidade de considerar-se como serviço tributável pelo ISSQN os serviços públicos.[152] A restrição do conceito constitucional de serviço àqueles que não se tratam de serviços públicos encontra base no art. 150, VI, *a*, da CRFB.[153] Novo reflexo da consideração do "sentido literal" da expressão "serviço" frente ao seu "contexto de significado", os serviços públicos prestados por quaisquer dos entes políticos ou por

---

da CRFB, no sentido de que o ISSQN não incide sobre os serviços *"compreendidos no art. 155, II"* (serviços de comunicação, transporte interestadual e intermunicipal). Nessa linha, SOUTO MAIOR BORGES pronuncia: "A cláusula constitucional, formulada em termos remanescentes da competência da União ou dos Estados, vincula a lei complementar, assim como a lei municipal. Tanto que, se for definido por lei complementar, para efeito de tributação municipal, serviço compreendido na competência tributária da União – o que é improvável mas teórica e praticamente possível – ou dos Estados, nem por isso poderão os Municípios tributá-los." (BORGES, José Souto Maior. "Aspectos fundamentais da competência para instituir o ISS". *In*: TORRES, Heleno Taveira (coord.). *ISS na Lei Complementar n. 116/2003 e na Constituição*. Barueri, São Paulo: Manole, 2004, p. 21). Por outras palavras, HUMBERTO ÁVILA: "Os Municípios não podem tributar alguns fatos, mesmo que o seu conceito corresponda ao conceito de serviço e sua instituição não esteja afastada por regra de imunidade, se sua tributação estiver reservada a outro ente federado" (ÁVILA, Humberto. "O Imposto sobre Serviços e a Lei Complementar 116/03". *In* ROCHA, Valdir de Oliveira (coord). *O ISS e a LC 116*. São Paulo: Dialética, p. 176).

[151] "Da atribuição de competência privativa a uma unidade federada resulta a exclusão das demais unidades federadas quanto ao exercício de competência idêntica. Não importa que a unidade contemplada na outorga exerça ou não a sua competência. Como foi dito, a outorga de tal competência tem um efeito negativo ou uma eficácia inibitória – impedir que as unidades outras que não a destinatária da competência tributária, em qualquer caso, possam exercitá-la." (Amílcar de Araújo Falcão *apud* BARRETO, Aires F. *ISS na Constituição e na Lei*. 2ª ed. São Paulo, Dialética, 2005, p. 111). No mesmo sentido: ÁVILA, Humberto. "Imposto sobre a Prestação de Serviços de Comunicação. Conceito de Prestação de Serviço de Comunicação. Intributabilidade das Atividades de Veiculação de Publicidade em Painéis e Placas. Inexigibilidade de Multa". *Revista Dialética de Direito Tributário*, n. 143, São Paulo, agosto de 2007, p. 119.

[152] Quanto ao conceito de *serviço público*, adotamos a consagrada lição de CELSO ANTÔNIO BANDEIRA DE MELLO: "serviço público é toda atividade de oferecimento de utilidade ou comodidade material fruível diretamente pelos administrados, prestados pelo Estado ou por quem lhe faça às vezes, sob um regime de direito público – portanto consagrador de prerrogativas de sumpremacia e de restrições especiais – instituído pelo Estado em favor dos interesses que houver definido como próprios no sistema normativo" (MELLO, Celso Antônio Bandeira de. *Curso de Direito Administrativo*. 15 ed. São Paulo: Malheiros, 2003, p. 612).

[153] "Art. 150. Sem prejuízo de outras garantias asseguradas ao contribuinte, é vedado à União, aos Estados, ao Distrito Federal e aos Municípios: VI – instituir impostos sobre: a) patrimônio, renda ou serviços, uns dos outros;"

empresas públicas (RE 407.099/RS, STF, 2ª Turma, Rel. Min. Carlos Velloso, v.u., julgado em 22/06/2004, DJU 06.08.2004, p. 62)[154] estão fora do âmbito de incidência do ISSQN, em razão da regra de imunidade (recíproca) que se extrai do art. 150, VI, *a*, CRFB.[155] De outro lado, as atividades econômicas em sentido estrito, praticadas diretamente pelos entes políticos, servirão à incidência do ISSQN (art. 150, § 3º, CRFB). Nessa linha, cumpre enaltecer a perspicácia de Marcelo Caron Baptista[156] ao demonstrar que além dos serviços públicos e das atividades econômicas em sentido estrito, os primeiros fora e as segundas dentro do âmbito de incidência do ISSQN, nos quais o ente público encontra-se no pólo ativo da relação jurídica, obrigando-se a prestar o serviço ou promover a atividade, há, ainda, prestações de serviços realizadas por particulares em favor do ente público. Tais casos, embora fujam do âmbito do Direito Privado, por se tratarem

---

[154] No RE 407.099/RS, o STF decidiu que a Empresa Brasileira de Correios e Telégrafos – ECT faz jus à imunidade recíproca de que trata o art. 150, VI, 'a', CRFB, por se tratar de empresa pública que presta serviços públicos. Em seu douto voto, o MINISTRO CARLOS VELLOSO refere: "... não tenho dúvida em afirmar que a ECT está abrangida pela imunidade tributária recíproca (CF, art. 150, VI, 'a'), ainda mais se considerarmos que presta ela serviço público de prestação obrigatória e exclusiva do Estado, que é o serviço postal, CF, art. 21, X (Celso Antônio Bandeira de Mello, op. cit., pág. 636)".

[155] Ao julgar a ADI 3089 o Plenário do STF assentou que os serviços notariais e registrais são atividades econômicas de índole privada, prestadas com intuito de lucro, estando, portanto, dentro do campo de incidência do ISSQN: "AÇÃO DIRETA DE INCONSTITUCIONALIDADE. CONSTITUCIONAL. TRIBUTÁRIO. ITENS 21 E 21.1. DA LISTA ANEXA À LEI COMPLEMENTAR 116/2003. INCIDÊNCIA DO IMPOSTO SOBRE SERVIÇOS DE QUALQUER NATUREZA – ISSQN SOBRE SERVIÇOS DE REGISTROS PÚBLICOS, CARTORÁRIOS E NOTARIAIS. CONSTITUCIONALIDADE. Ação Direta de Inconstitucionalidade ajuizada contra os itens 21 e 21.1 da Lista Anexa à Lei Complementar 116/2003, que permitem a tributação dos serviços de registros públicos, cartorários e notariais pelo Imposto sobre Serviços de Qualquer Natureza – ISSQN. Alegada violação dos arts. 145, II, 156, III, e 236, caput, da Constituição, porquanto a matriz constitucional do Imposto sobre Serviços de Qualquer Natureza permitiria a incidência do tributo tão-somente sobre a prestação de serviços de índole privada. Ademais, a tributação da prestação dos serviços notariais também ofenderia o art. 150, VI, e §§ 2º e 3º da Constituição, na medida em que tais serviços públicos são imunes à tributação recíproca pelos entes federados. As pessoas que exercem atividade notarial não são imunes à tributação, porquanto a circunstância de desenvolverem os respectivos serviços com intuito lucrativo invoca a exceção prevista no art. 150, § 3º da Constituição. O recebimento de remuneração pela prestação dos serviços confirma, ainda, capacidade contributiva. A imunidade recíproca é uma garantia ou prerrogativa imediata de entidades políticas federativas, e não de particulares que executem, com inequívoco intuito lucrativo, serviços públicos mediante concessão ou delegação, devidamente remunerados. Não há diferenciação que justifique a tributação dos serviços públicos concedidos e a não-tributação das atividades delegadas. Ação Direta de Inconstitucionalidade conhecida, mas julgada improcedente." (ADI 3089, STF, Pleno, Rel. Min. Carlos Britto, julgado em 13/02/08, DJ 01/08/08, p. 265).

[156] BAPTISTA, Marcelo Caron. *ISS: do texto à norma*. São Paulo: Quartier Latin, 2005, p. 455/456.

de relações de Direito Administrativo[157] (ex: contrato administrativo de prestação de serviços em favor de Órgãos da Administração Pública), servem à incidência do imposto municipal, pois não são serviços públicos. Reveja-se, portanto, a já arraigada lição a respeito da limitação do ISSQN a atividades prestadas sob o regime de Direito Privado,[158] posto que o aludido tributo poderá recair, também, sobre serviços prestados por particulares em favor de Entes Públicos, que se encontram sob a égide do Direito Administrativo.

4.2.3. O signo "serviço" frente aos critérios teleológicos: o princípio da capacidade contributiva

Voltando à regra de competência do ISSQN e à definição do conceito constitucional de serviço, necessário mais um passo na trilha metodológica alicerçada por Karl Larenz. Ultrapassada a complementação e mesmo reforço de sentido advindos do "contexto de significado", cumpre examinar a expressão "serviço" frente aos critérios teleológicos,[159] especialmente frente ao chamado princípio da capacidade contributiva (art. 145, § 1º, CRFB). Em breves palavras, exige o aludido princípio que somente sejam escolhidos como "geradores da obrigação tributária fatos que, direta ou indiretamente,

---

[157] "En suma, los contratos que celebra la administración tienen todos un régimen en parte de derecho público, pero que no es uniforme; todos pueden ser denominados 'contratos administrativos', sin perjuicio de que existen gradaciones en cuanto a la intensidad del régimen de derecho público." (GORDILLO, Agostín. *Tratado de Derecho Administrativo*. Tomo 1: Parte General. 7ª edición. Belo Horizonte: Del Rey e Fundación de Derecho Administrativo, 2003, p. XI-35).

[158] "Como cura de demonstrar Elisabeth Nazar Carrazza (O imposto sobre serviços, na Constituição, dissertação de mestrado, inédita, PUC/SP, 1976, p. 7 e SS.), os serviços alcançados pelo ISS são os prestados – por particulares, por empresas privadas, por empresas públicas ou por sociedades de economia mista, não importa – em regime de direito privado" (CARRAZZA, Roque. "Breves considerações sobre o artigo 12 do Decreto-lei n. 406/68". *Revista de Direito Tributário* n. 6, Ano 2, Outubro/Dezembro de 1978. São Paulo: Revista dos Tribunais, p. 153).

[159] "Repudiadas as finalidades arrecadatória e econômica como válidas a embasar a exegese teleológica dos enunciados tributários, torna-se evidente que o desenvolvimento da interpretação teleológico-objetiva deve estar embasado nos princípios jurídicos-constitucionais e constitucional-tributários, que, permeando todo o subsistema constitucional-tributário, conferem-lhe racionalidade e nortes axiológicos. Desse modo, princípios como os da capacidade contributiva e da isonomia hão de ser considerados pelo intérprete para, dentro das variantes de significado deixadas em aberto pelo sentido literal e pelo contexto de significado, proceder à definição do conteúdo semântico dos signos lingüísticos empregados pelo constituinte para a outorga de competências impositivas." (VELLOSO, Andrei Pitten. *Conceitos e competências tributárias*. São Paulo, Dialética, 2005, p. 204).

reflitam ou revelem ou guardem uma relação lógica e racional com uma certa capacidade econômica" (Lapatza).[160] Reflexo imediato do princípio da capacidade contributiva, os tributos somente podem ser erigidos sobre fatos que detenham conteúdo econômico.[161] Disso decorre que não se poderá entender como serviço, quando da interpretação do art. 156, III, da CRFB, atividades gratuitas, não remuneradas, conforme, entre outros,[162] atesta Aires F. Barreto:

> Só é serviço tributável, destarte, o esforço humano com conteúdo econômico. Somente aqueles fatos que tenham real conteúdo econômico poderão ser erigidos em materialidade das hipóteses de incidência do ISS, dado que é a dimensão econômica de cada fato que irá permitir que a sua ocorrência concreta dimensione, de alguma maneira, o tributo, e, portanto, possa ser reconhecida como indício de capacidade contributiva.[163]

O princípio da capacidade contributiva impõe que apenas os serviços que apresentem conteúdo econômico possam dar ensejo à incidência do ISSQN – excluídos, assim, os serviços gratuitos.

---

[160] LAPATZA, José Juan Ferreiro. *Direito Tributário: Teoria Geral do Tributo*. Barueri, SP: Manole; Espanha: Marcial Pons, 2007, p. 24/25.

[161] Referia ALFREDO AUGUSTO BECKER: "(...) o legislador ordinário está juridicamente obrigado por esta regra constitucional e sua obrigação consiste no seguinte: ele deverá escolher para a composição da hipótese de incidência da regra jurídica criadora do tributo, exclusivamente fatos que sejam *signos presuntivos de renda ou de capital*." (BECKER, Alfredo Augusto. *Teoria Geral do Direito Tributário*. 3ª ed. São Paulo: LEJUS, 1998, p. 498). Para ZELMO DENARI "deve-se considerar que o conceito de capacidade contributiva, haurido da ciência financeira, projeta-se no campo do Direito para significar a *idoneidade revelada pelo contribuinte, enquanto titular da relação jurídico-tributária, de suportar a carga tributária e fazer face aos dispêndios públicos*'". (DENARI, Zelmo. "Breves considerações à margem da capacidade contributiva". *Revista Dialética de Direito Tributário* n. 124, janeiro de 2006, p. 79).

[162] "O serviço tributável há ainda que ter expressão econômica. Esse não é tampouco um requisito expresso, senão implícito. Todavia, igualmente indeclinável. Se a CF consagra o princípio expresso da isonomia fiscal (art. 153, § 1º), implicitamente contempla em seu bojo o da capacidade contributiva. (...) De qualquer sorte, sem substância econômica apta a servir de base à tributação, esta será constitucionalmente ilegítima." (BORGES, José Souto Maior. "Inconstitucionalidade e ilegalidade da cobrança do ISS sobre contratos de assistência médico-hospitalar". *Revista de Direito Tributário* n. 38, Ano 10, Outubro/Dezembro de 1986. São Paulo: Revista dos Tribunais, p. 167). Preferindo-se a clássica lição de BERNARDO RIBEIRO DE MORAES: "O lucro, embora em potência, deve estar contido na atividade prestada (explorada). Caso contrário, não haverá incidência do ISS. Assim podemos dizer que a concretização da incidência do ISS somente se realiza quando os serviços sejam prestados com o fito de lucro ou de remuneração. A prestação de serviços objeto da tributação deve ser remunerada, lucrativa. Pessoa que presta serviços de datilografia a seu pai, graciosamente, esporadicamente, não exerce atividade lucrativa, e, portanto, não se sujeita ao ISS, embora preste serviços. Os serviços sujeitos ao ISS pressupõem uma contraprestação por parte dos seus tomadores. O ISS recai sobre serviços onerosos." (MORAES, Bernardo Ribeiro de. *Doutrina e Prática do Imposto sobre Serviços*. São Paulo: Revista dos Tribunais, 1975, p. 121/122).

[163] BARRETO, Aires. F. *ISS na Constituição e na Lei*. 2ª ed. São Paulo: Dialética, 2005, p. 30.

4.2.4. O resultado final da construção do conceito constitucional de serviço

Percorridos todos os passos necessários à interpretação do signo "serviço", núcleo do critério material do ISSQN, que se encontra impresso no texto constitucional, chega-se à conclusão de que seu conceito constitucional apresenta o seguinte significado: obrigação de fazer prestada em favor de terceiro como um fim-em-si-mesmo, que tenha conteúdo econômico, regulada pelo Direito Privado ou pelo Direito Administrativo, que não seja serviço público e nem se confunda, total ou parcialmente, com o conteúdo semântico das materialidades contidas nas demais regras de competência dos impostos.

4.3. O papel da lei complementar para a definição dos "serviços de qualquer natureza"

Delimitado o conceito constitucional de "serviço", fundamental se passe, agora, ao exame da lei complementar prevista no art. 156, III, da CRFB, que servirá à definição dos "serviços de qualquer natureza".

O artigo 156, III, da Constituição da República Federativa do Brasil, cuja interpretação dá origem à norma de competência do ISSQN, demonstra indisfarçável peculiaridade: embora indique que o ISSQN deva recair sobre serviços – o que limita a abrangência do referido tributo ao conceito constitucional de serviço,[164] o artigo cons-

---

[164] "Assim, na medida em que o conceito de serviço foi utilizado pela Constituição para definir a competência tributária dos Municípios para a instituição do ISS, resulta evidente que a legislação ordinária e complementar não pode manipular tal conceito, para com isso pretender ampliar o âmbito da incidência do imposto municipal." (GONÇALVES, José Arthur Lima. "O ISS, a Lei Complementar n. 116/03 e os Contratos de Franquia". In ROCHA, Valdir de Oliveira (coord.). *Grandes Questões Atuais do Direito Tributário* 8º vol., São Paulo: Dialética, 2004, p. 263). "Por outro giro verbal, a lei complementar não pode considerar serviços, para fins de tributação por via de ISS, fatos que não os sejam. Isto feriria, dentre outros, o direito subjetivo do contribuinte de só ser tributado pela pessoa política competente e nos estritos termos da Constituição. (...) Estas considerações nos confirmam a proposição de que a lei complementar nacional não pode criar, para fins de ISS, a figura do 'serviço por definição legal'. Se o fizer, será inconstitucional, por dilatar competências tributárias municipais e, o que é pior, por atropelar direitos inalienáveis dos contribuintes." (CARRAZZA, Roque. *Curso de Direito Constitucional Tributário*. 24ª ed., São Paulo, Malheiros, 2008, p. 962). "O legislador não pode, a seu livre alvedrio, definir o que se deve entender por serviço. Trata-se de um conceito utilizado pela Constituição, devendo o intérprete buscar o seu conteúdo e seu alcance em outras

titucional remete à lei complementar a tarefa de definir o que são "serviços de qualquer natureza". Dessa forma, o exame da incidência do ISSQN sobre determinado fato exige o trespasse de três etapas:[165] primeiro se deve perquirir se o fato cuja tributação é cogitada se subsume ao conceito constitucional de serviço; somente depois, em caso de ser positiva a resposta quanto ao enquadramento constitucional, deverá ser analisado se há na lista de serviços anexa à lei complementar alguma descrição que possa emoldurá-lo; finalmente, haverá de ser examinada a possibilidade de subsunção do fato à previsão da norma de imposição tributária instituída pela legislação ordinária de determinado município.

A lei complementar de que trata o art. 156, III, da Constituição da República, é lei nacional, que vincula diretamente a todos os Municípios[166] e indiretamente também aos Estados-Federados – estes últimos por força do art. 155, II e § 2º, IX, *b*, CRFB.[167] Aos Municípios e somente a eles é permitido tributar os serviços listados em anexo à lei complementar de que trata o art. 156, III, CRFB.

Passada a (justificada, porém exagerada) euforia pelo princípio da autonomia municipal, percebeu-se que os municípios, assim como os demais Entes Tributantes, detêm apenas uma parcela do

---

fontes, não podendo a lei tributária definir serviço livremente, para com isso fazer incidir o imposto sobre algo que na verdade não é serviço." (MACHADO, Hugo de Brito. *Comentários ao Código Tributário Nacional*. Vol. II, São Paulo, Atlas, 2004, p. 255).

[165] De todo justificável, uma vez mais, a lembrança das palavras do MINISTRO CARLOS VELLOSO, proferidas quando do julgamento do RE 361.829/RJ: "Os serviços que poderão ser tributados pelo ISS são, em princípio, todos os serviços, menos os que estão compreendidos no art. 155, II. Mas o citado preceito constitucional, inciso III do art. 156, acrescenta a cláusula '*definidos em lei complementar*'. É dizer, todos os serviços definidos em lei complementar, menos os compreendidos no art. 155, II, poderão ser objeto do ISS". RE n. 361.829/RJ, STF, 2ª Turma, Rel. Min. Carlos Velloso, v.u., julgado em 13/12/2005, DJU 24.02.2006, p. 51, LEXSTF vol. 28, n. 327, 2006, p. 240-257).

[166] O Plenário do STF, ao julgar o RE 236.604/PR, no qual se discutia a recepção do Decreto-Lei n. 406/68 pela Constituição da República de 1988, estabeleceu, por voto da lavra do MINISTRO CARLOS VELLOSO, que "o DL 406/68 foi recebido como lei complementar, a lei complementar do ICMS e do ISS. Isto é inquestionável." (RE 236.604/PR, STF, Plenário, Rel. Min. Carlos Velloso, julgado em 26/05/1999, v.u, DJU 06/08/1999, p. 52). Dessa forma, ao atestar que o DL 406/68 foi recebido em 1988 como a lei complementar do ISS, "na forma do estabelecido na Constituição Federal, art. 146, III", o Plenário do STF assentou a vinculação dos Municípios à lei complementar de que trata o art. 156, III, da CRFB.

[167] "Art. 155. Compete aos Estados e ao Distrito Federal instituir impostos sobre: II – operações relativas à circulação de mercadorias e sobre prestações de serviços de transporte interestadual e intermunicipal e de comunicação, ainda que as operações e as prestações se iniciem no exterior; § 2º – O imposto previsto no inciso II atenderá ao seguinte: IX – incidirá também: b) sobre o valor total da operação, quando mercadorias forem fornecidas com serviços não compreendidos na competência tributárias dos Municípios;".

poder de tributar que é de toda a Nação. Verificou-se que numa Federação a autonomia não é jamais ilimitada, mas, ao invés, sempre limitada pela própria Constituição, diretamente[168] e/ou através de leis complementares.[169] A mesma Constituição que concede autonomia a determinado Ente Político, a limita – seja através das demais normas de competência tributária que garantem aos outros Entes diversas parcelas do mesmo poder, seja por meio das limitações constitucionais ao poder de tributar, seja, finalmente, através de leis complementares nacionais (art. 146, CRFB).[170]

A lei complementar prevista no art. 156, III, CRFB, serve, assim, como veículo de introdução de normas gerais de direito tributário

---

[168] "(...) é curioso refletir que toda a atribuição de competência, ainda que versada em termos positivos e categóricos, importa uma limitação." (CARVALHO, Paulo de Barros. *Curso de Direito Tributário*, 20ª ed. São Paulo: Saraiva, 2008, p. 190).

[169] Irretocáveis os dizeres do MINISTRO CARLOS VELLOSO: "É que a lei complementar, definindo os serviços sobre os quais incidirá o ISS, realiza a sua finalidade principal, que é afastar os conflitos de competência, em matéria tributária, entre as pessoas políticas (CF, art. 146, I). E isto ocorre em obséquio ao pacto federativo, princípio fundamental do Estado e da República (CF, art. 1º), erigido pelo constituinte originário, em cláusula pétrea ou limitação material ao constituinte derivado (CF, art. 60, § 4º, I). A norma constitucional tem por finalidade, portanto, afastando conflitos entre pessoas políticas que compõem o Estado Federal, garantir, no campo da repartição da competência tributária, estabilidade ao pacto federativo." (RE n. 361.829/RJ, STF, 2ª Turma, Rel. Min. Carlos Velloso, v.u., julgado em 13/12/2005, DJU 24.02.2006, p. 51, LEXSTF vol. 28, n. 327, 2006, p. 240-257). Para HUMBERTO ÁVILA: "O âmbito material das regras de competência é também especificado pelas leis complementares. Nesta hipótese, as leis complementares podem exercer duas funções: em primeiro lugar, limitar o âmbito material das regras de competência quando a Constituição o exige; em segundo lugar, determinar o âmbito material das regras de competência, de modo a evitar conflitos de competência. A primeira função refere-se àquelas regras de competência cujo âmbito material de incidência pode ser objeto de restrição por meio de lei complementar, como evidenciam os seguintes exemplos: a competência dos Estados e do Distrito Federal para instituir imposto sobre transmissão causa mortis e doação, de quaisquer bens ou direitos, será regulada por lei complementar, se o doador tiver domicílio ou residência no exterior ou se o *de cujus* possuía bens, era residente ou domiciliado ou teve o seu inventário processado no exterior (art. 155, § 1º); a competência dos municípios para instituir imposto sobre serviços de qualquer natureza não compreendidos no art. 155, II, a serem *definidos em lei complementar* (art. 156, III); (...). A segunda função refere-se à especificação de regras de competência para evitar conflitos de competência. A função da lei complementar não reside na definição das competências dos Estados. Elas já estão fixadas pela própria Constituição. A função dessa espécie de lei complementar reside muito mais em evitar possíveis conflitos de competência naquelas hipóteses em que o âmbito material da hipótese de incidência repercute na competência de mais de uma pessoa política de direito interno (por exemplo, prestação de serviços)." (ÁVILA, Humberto. *Sistema Constitucional Tributário: de acordo com a emenda constitucional n. 53, de 19.12.06*. São Paulo: Saraiva, 2008, p. 141/142).

[170] "Diversamente ocorre com as normas gerais de direito tributário (CF, art. 146, III). A lei complementar de normas gerais prevalece não só sobre as normas de direito estadual e municipal, mas também de direito federal. Há portanto uma relação sintática hierárquica que se resolve pela aplicação da regra: 'direito nacional corta direito federal, estadual e municipal'." (BORGES, José Souto Maior. "Hierarquia e sintaxe constitucional da lei complementar tributária". *Revista Dialética de Direito Tributário* n. 150, março de 2008, p. 70).

destinadas a todos os Municípios, tendo por finalidade, também, evitar conflitos de competência entre diversos municípios. Por expressa previsão constitucional (art. 155, IX, "b", CRFB), visa, ainda, a impedir a ocorrência de conflitos de competência entre Estados e Municípios, atinentes à hipótese de serem realizadas atividades-mistas ou complexas, que envolvam tanto uma obrigação de dar como também uma de fazer.[171]

Nesse sentido, vale mencionar a lição conjunta de Sacha Calmon Navarro Coelho e Yves Gandra da Silva Martins:

> Os serviços onerados pelo imposto são definidos em lei complementar, ressalvados os serviços compreendidos no art. 155, II, da CF ("transporte interestadual e intermunicipal" e "comunicação"). A partir da lei complementar é que a legislação ordinária dos Municípios poderá instituir o ISS, conforme os comandos do art. 156, III, reforçado pelo art. 146, I e III da Constituição Federal, que determina a edição de lei complementar para, entre outros, dispor sobre conflitos de competência entre a União, os Estados, o Distrito Federal e os Municípios, bem como estabelecer normas gerais em matéria tributária, *inclusive com a definição dos tributos discriminados na Constituição, fatos geradores, base de cálculo e contribuintes.*
>
> Assim, o Texto Constitucional outorga competência à lei complementar para dispor sobre o fato gerador, base de cálculo e os contribuintes dos impostos discriminados na Constituição (art. 146, III, *a*) e, mais, o art. 156, III da CF/88, determina que os serviços sujeitos ao ISS são aqueles *definidos em lei complementar.*[172]

Souto Maior Borges trilha a mesma vereda:

> Logo, corresponde o artigo 156, III, a uma particular manifestação da competência genericamente atribuída à União para, mediante lei complementar, estabelecer normas gerais de direito tributário (Constituição, art. 146, III). A identidade do regime jurídico põe a manifesto a conexão sistemática entre os artigos 146, III e 156, III. Dito noutras palavras: não está, a lei prevista no artigo 156, III, submetida a regime jurídico diverso do previsto para qualquer outra norma geral de direito tributário, editada com base no artigo 146, III.[173]

---

[171] "Impende ressaltar, por oportuno, que uma das relevantes funções desta 'lista' consiste em obviar conflitos de competência na hipótese de fornecimento de mercadoria com simultânea prestação de serviços ('operação mista')." (MATTOS, Aroldo Gomes de. "Novo Regramento do ISS efetuado pela LC 116/03". *In* ROCHA, Valdir de Oliveira (coord.). *O ISS e a LC 116*. São Paulo: Dialética, 2003, p. 23).

[172] COELHO, Sacha Calmon Navarro; MARTINS, Yves Gandra da Silva. "Distinção entre Não-incidência e Isenção em Tema de ISS – Atividades Bancárias". *Revista Dialética de Direito Tributário n. 126*, março de 2006, p. 62.

[173] BORGES, José Souto Maior. "Aspectos fundamentais da competência para instituir o ISS". *In* TORRES, Heleno Taveira (organ.). *ISS na Lei Complementar n. 116/2003 e na Constituição*. Barueri, São Paulo: Manole, 2004, p. 25.

Tal entendimento, de que a lei complementar disposta no art. 156, III, CRFB, veicula normas gerais de direito tributário e tem por finalidade evitar conflitos de competência tributária, encontra eco também na jurisprudência do Supremo Tribunal Federal. Ao proferir o voto-condutor do julgamento do RE 361.829-6/RJ,[174] o Ministro Carlos Velloso definiu que a lei complementar invocada pelo art. 156, III, da CRFB, tem por finalidade, sobretudo:

> a) afastar os conflitos de competência, em matéria tributária, entre as entidades políticas (CF, art. 156, III; art. 146, I); b) cabe-lhe, ainda, estabelecer o fato gerador, a base de cálculo e o contribuinte do ISS (CF, art. 146, III, a); c) fixar as alíquotas máximas e mínimas do ISS, excluir da sua incidência a exportação de serviços para o exterior e regular a forma e as condições como isenções, incentivos e benefícios fiscais serão concedidos e revogados (CF, art. 156, § 3º, I, II e III).

Em outra oportunidade, agora sob a relatoria do Ministro Celso de Mello, a 2ª Turma do STF referendou tal entendimento, assentando que:

> A exclusão de tributabilidade, mediante ISS, (...) qualifica-se como situação reveladora de hipótese de não-incidência do tributo em questão, suscetível de veiculação, pela União Federal, por lei complementar, considerada a norma de competência, que, fundada no art. 156, III, da Constituição da República, confere-lhe poder para editar semelhante prescrição normativa, não havendo que se cogitar, portanto, de invocação do art. 151, III, da vigente Lei Fundamental.[175]

Ao assim julgar, a Suprema Corte deixou claro, uma vez mais, nada haver de inconstitucional na delimitação das hipóteses de incidência do ISSQN através de "normas gerais" fixadas pelo legislador nacional – conforme então decidido, a exclusão de determinado fato do espectro de incidência do ISSQN pelo legislador nacional não configura "isenção heterônoma".

Portanto, na esteira das lições doutrinárias e da jurisprudência do STF, concordamos que a lei complementar de que trata o art. 156, III, da CRFB, é lei nacional, que tem por objetivo imediato veicular normas gerais e como objetivo mediato prevenir conflitos de competência tributária.

---

[174] RE 361.829-6/RJ, STF, 2ª Turma, Rel. Min. Carlos Velloso, julgado em 13/12/2005, DJU 24/02/2006, p. 240.

[175] AgRg RE 450.342/RJ, STF, 2ª Turma, Rel. Min. Celso de Mello, julgado em 06/09/2006, DJU 03/08/2007, p. 114.

5. Metodologia à prevenção e solução de conflitos de competência tributária

Prefixadas as diretrizes relativas à forma de caracterização das normas de competência, ao modo de interpretação dos textos jurídicos e a estrutura e características da regra de competência do ISSQN, é chegado o momento de invadir o campo dos chamados conflitos de competência tributária, nas hipóteses que envolvam o referido tributo municipal.

Buscando evitar o arbítrio e a simples discricionariedade por parte do aplicador das normas, o presente estudo tem por escopo traçar a metodologia que servirá ao exame acerca de qual regra de competência deverá ser aplicada a fatos de polêmica natureza e/ou difícil enquadramento. Por exemplo: como são tributadas operações-mistas, compostas de obrigações de dar e de obrigações de fazer? E os fatos jurídicos complexos, formados por uma série de eventos que isoladamente poderiam desencadear diversa tributação?

Tal metodologia adotará três premissas básicas, que servirão de linhas-mestras a guiar o percurso do intérprete.

Premissa inicial: as regras de competência tributária têm de ser construídas conforme desenvolvido nos tópicos anteriores. Deverá o intérprete partir do "sentido literal" dos signos utilizados no texto constitucional, colhendo-o dos usos lingüísticos realizados por alguma comunidade discursiva – de preferência a jurídica. Depois haverá de cotejá-lo frente ao "contexto de significado", aos princípios e à finalidade da norma, tudo com o intuito de bem construir os conceitos constitucionais que indicarão a materialidade dos impostos. A adequada construção das regras de competência tributária muitas vezes é o bastante à solução de (pseudo) conflitos.

Segunda premissa: a divisão das competências tributárias trazida pela Constituição da República é rígida[176] e exaustiva, não admitindo, quanto aos impostos, dupla incidência sobre o mesmo fato,[177] exatamente como prenuncia Marco Aurélio Greco:

> Quando a Constituição atribui determinada materialidade (e, por decorrência, a respectiva base de cálculo) à competência de certa pessoa política (União, Estado, Distrito Federal ou Município) a outorga daquela materialidade é feita com exclusividade, pois a atribuição a um implica negação aos demais, salvo expressa previsão da própria Constituição. Porém, a afirmação e negação da atribuição da competência sobre tal matéria ocorre no âmbito da aplicação do critério material de validação constitucional.[178]

Já visto que as regras de competência dos impostos se caracterizam por trazer em seu conseqüente a descrição de recortes da realidade (materialidades),[179] cuja ocorrência poderá ser tributada

---

[176] MISABEL ABREU MACHADO DERZI, a respeito da rigidez constitucional relativa à discriminação de competências, refere: "Essa rigidez tem como pedra básica a competência privativa, mola mestra do sistema, o qual repele a bitributação e evita a promiscuidade entre tributos distintos. Conceitos como bitributação, invasão de competência, *bis in idem*, identificação entre espécies tributárias necessárias ao funcionamento harmônico e aplicação das normas constitucionais não se aperfeiçoam por meio das relações comparativas do 'mais ou menos'... ou 'tanto mais...quanto menos' inerentes ao pensamento tipológico. Muito mais ajustam-se às excludentes 'ou ...ou' e as característica irrenunciáveis e rígidas dos conceitos determinados." (BALEEIRO, Aliomar. atualiz. DERZI, Misabel Abreu Machado. *Limitações constitucionais ao poder de tributar*.7ª ed. Rio de Janeiro: Forense, 2006, p. 134).

[177] Embora anterior à Constituição de 1988, segue atual a lição de GERALDO ATALIBA: "Verifica-se do exame das disposições constitucionais sobre matéria tributária, em conjunto – como um sistema – a impossibilidade de bitributação jurídica. Não há lugar para, no regime da Constituição de 1946, se reconhecer como juridicamente válidos dois impostos com o mesmo fato gerador. Porque é relevantíssimo salientar – a Constituição não procedeu a simples enumeração de *nomina iuris* quando, nos arts. 15, 19 e 29, fixou as competências tributárias. Pelo contrário, atribuiu a cada entidade política um fato gerador distinto e identificável só consigo mesmo. Cada qual, a se erigir num instituto jurídico autônomo e diferenciado, de tal forma a não poderem se confundir juridicamente uns com os outros." (ATALIBA, Geraldo. *Sistema Constitucional Tributário Brasileiro*. São Paulo: RT, 1966, p. 26).

[178] GRECO, Marco Aurélio. *Contribuições: uma figura 'sui generis'*. São Paulo: Dialética, 2000, p. 148.

[179] "O fato gerador sói ser definido pela referência a uma ação ou situação (como a aquisição de renda, a importação de mercadorias, o fato de ser proprietário, etc.), que se identifica como *núcleo* ou *materialidade* do fato gerador." (AMARO, Luciano da Silva. *Direito Tributário Brasileiro*. 13ª ed. São Paulo: Saraiva, 2007, p. 263). Preferindo-se a lição de MARCO AURÉLIO GRECO: "A Constituição prevê determinadas materialidades que podem vir a ser captadas pela legislação ordinária das entidades políticas para o fim de ensejar a cobrança de impostos. A competência tributária de cada entidade política está, portanto, circunscrita à materialidade prevista na Constituição. Só pode ser exigido imposto com relação a fatos que se enquadrem na competência constitucional. Exigir imposto fora do âmbito constitucionalmente circunscrito implica exigência inconstitucional." (GRECO, Marco Aurélio. "ICMS – Exigência em Relação à Extração do Petróleo". *Revista Dialética de Direito Tributário* n. 100, janeiro de 2004, p. 124).

pelos entes políticos que compuserem a categoria beneficiada (ex: Estados quanto ao ICMS; Municípios quanto ao ISSQN). A realização de operações de circulação de mercadorias somente poderá ser tributada pelo ICMS; a doação de bens só pelo ITCD, a propriedade imobiliária rural pelo ITR e a urbana pelo IPTU. Os fatos enquadrados na materialidade de um imposto não poderão servir à incidência de outro. Por isso se diz que as regras de competência tributária dos impostos não apresentam apenas um caráter positivo, pelo qual é permitido a determinado ente político a instituição e cobrança sobre o fato que se enquadrar em sua descrição. Têm, também, um caráter negativo, através do qual vedam a instituição de outro imposto sobre aquele determinado fato, por ente político diverso do que o por ela agraciado.[180]

Terceira premissa: os fatos jurídicos que se enquadrarem na materialidade advinda das regras de competência tributária são indecomponíveis, não podendo ser divididos para servir à incidência de mais de um imposto. As descrições feitas no conseqüente das regras de competência dos impostos são generalizações que selecionam algumas propriedades essenciais à sua aplicação e desprezam outras que o constituinte entendeu desimportantes.[181] Na maior parte das vezes, não havendo denotação por parte do constituinte nem maior influência por parte do "contexto de significado" e dos princípios jurídicos, as propriedades selecionadas não são outras senão aquelas já estabelecidas pelos "usos lingüísticos" da comunidade jurídi-

---

[180] GERALDO ATALIBA afirmava: "Toda outorga de competência – ensina Marienhof – é ao mesmo tempo uma limitação. Nosso saudoso Amílcar de Araújo Falcão ensina, aliás, que cada competência que a Constituição estabelece em favor de uma pessoa tributante é um obstáculo impostergável a competência das demais". (ATALIBA, Geraldo. "IPI e ISS: Conflitos de Competência". *Estudos e Pareceres de Direito Tributário*. Vol. 1, São Paulo: Revista dos Tribunais, 1978, p. 45). Pelas palavras de JOSÉ SOUTO MAIOR BORGES: "Como qualquer outra norma de direito constitucional positivo, as normas de competência têm âmbitos de validade material e pessoal limitados. Ensinou insuperada doutrina alemã que toda outorga de competência representa simultaneamente uma autorização e uma limitação. Autorização para o exercício das atribuições contidas no preceito que a outorga; limitação pela circunscrição do exercício da competência a essas funções, com exclusão de outras não compreendidas no âmbito da própria outorga" (BORGES, José Souto Maior. *Inconstitucionalidade e ilegalidade da cobrança do ISS sobre contratos de assistência médico-hospitalar*. Revista de Direito Público n. 38, p. 166).

[181] "Because generalizations are selective emphases on some of the properties of any particular and selective suppressions of others, the particulars collected by a generalizatton are similar with respect to the generalization property but likely different in most other respects" (SCHAUER, Frederick. *Plaiyng by the rules: a philosofical examination of rule-based decision-making in law and in life*. Claredon: Oxford, 2002, p. 38).

ca antes mesmo de surgir o enunciado constitucional – elas advêm do "sentido literal" de expressões que já tinham conotação jurídica ("doação", "importação", "mercadorias", "seguro", "câmbio"...). A eleição de termos que já têm conotação jurídica, quando da redação do texto constitucional, do qual se partirá à construção das regras de competência dos impostos, não é feita por acaso, conforme percebeu Misabel Abreu Machado Derzi.[182] Ao contrário, ao referir "doação" no art. 155, I, da CRFB, o constituinte pretendeu, exatamente, que o ITCD recaísse sobre fatos jurídicos que, nos termos das lições e legislação civilistas, representem transferência gratuita de propriedade de bens. Nessa linha, embora o "contexto de significado" dentro do qual são construídas as regras de competência dos impostos impeça a existência de coincidência semântica entre os termos relativos às diversas materialidades, poderá haver algum fato que contenha as propriedades selecionadas por mais de uma norma de competência. Diante de tal situação, ao aplicador não é permitido seccionar o fato, buscando tributar suas frações, cada qual por um imposto – nem mesmo se tal fato for composto por múltiplos eventos[183] que isoladamente serviriam a diversas tributações. Deverá, ao invés, caso a caso, apresentando indispensável fundamentação, indicar qual norma terá prevalência. O fato tributado, contudo, não poderá ser fracionado nem mesmo pelo legislador complementar, com fundamento no art. 146, I, CRFB. Fosse possível ao intérprete ou ao legislador complementar partir os fatos jurídicos descritos no conseqüente das regras de competência tributária, a discriminação de competências fixada na Constituição da República nada teria de rígida.

---

[182] "Quando a Constituição usa um conceito, um instituto ou forma do Direito Privado, o nome empregado denota certo objeto, segundo a conotação que ele tem na ciência jurídica particular, da qual se origina. A conotação completa que advém da ciência do Direito Privado é condição prévia de inteligibilidade e univocidade do discurso constitucional. E se utiliza a Constituição desse sentido completo, extraído de certo ramo jurídico, para assegurar a discriminação e delimitação de competência, enfim, o pacto federativo." (DERZI, Misabel Abreu Machado. NOTAS. *In* BALEEIRO, Aliomar. *Direito Tributário Brasileiro*. 11ª ed. Rio de Janeiro: Forense, 2007, p. 690).

[183] Conforme afirma PAULO DE BARROS CARVALHO: "(...) *para o ponto de vista do direito, os fatos da chamada realidade social serão simples eventos, enquanto não forem constituídos em linguagem jurídica própria.*" (CARVALHO, Paulo de Barros. *Curso de Direito Tributário*, 20ª ed. São Paulo: Saraiva, 2008, p. 390). Sobre a distinção entre fato e evento, ver também FERRAZ JR., Tércio Sampaio. *Introdução ao Estudo do Direito*. 4ª ed. São Paulo: Atlas, 2003, p. 278.

A propósito da unicidade[184] e indivisibilidade do fato imponível, Geraldo Ataliba afirmava com a habitual maestria:

> O fato imponível é um todo uno (unitário) e incindível e determina o nascimento de uma obrigação tributária. É uma unidade lógica, entidade una, somente identificável consigo mesma. Por mais variados e diversos que sejam os fatos que o integram, como dados ou elementos pré-jurídicos, o fato imponível como tal – ou seja, como ente do mundo jurídico – é uno e simples, irredutível em sua simplicidade, indivisível e indecomponível.[185]

Na esteira do quanto preceituava o saudoso mestre, não poderá o legislador complementar e menos ainda o aplicador da norma decompor fato jurídico já enquadrado na materialidade de algum imposto, com o intuito de tributar suas frações. O fato jurídico[186] que corresponder à descrição oriunda do conseqüente das regras de competência dos impostos torna-se indecomponível para fins de tributação, podendo sobre ele recair somente o imposto cuja regra de competência contiver sua descrição. Se a industrialização de produtos é um fato jurídico indecomponível por servir à incidência do IPI, não poderá o legislador ou o aplicador das normas, frente à fabricação de esquadrias de metal anodizadas ou polidas, a dividir em várias partes, tributando algumas como se fossem, *v.g.*, serviços de anodização e polimento (item 14.05 da lista anexa à LC 116/03).

Poderão os entes políticos, assim, dentro dos limites constitucionalmente fixados, instituir impostos sobre os fatos jurídicos que

---

[184] "É sabido que a hipótese de incidência descreve um fato jurígeno. Como tal, é uma unidade, embora os elementos pré-jurídicos arrecadados pelo legislador para descrevê-lo possam ser múltiplos ou complexos." (BATALHA, Célio de Freitas. "Conflitos de Competência (Imposto sobre Operações Relativas à Circulação de Mercadorias e Imposto sobre Serviços". *In* SAMPAIO DÓRIA, Antônio Roberto (coord.). *Textos Selecionados de Direito Tributário: X Curso de Especialização em Direito Tributário – IBET – IDEP – ESAF*, São Paulo: Resenha Tributária e Revista dos Tribunais, 1983, p. 196).

[185] ATALIBA, Geraldo. *Hipótese de incidência tributária*. 6ª ed. São Paulo: Malheiros, 2002, p. 73.

[186] "O fato jurídico provém do mundo fático, porém nem tudo que o compunha entra, sempre, no mundo jurídico. À entrada no mundo jurídico selecionam-se os fatos que entram. É o mesmo dizer-se que à soma dos elementos do que, no mundo fático, teríamos como fato, ou como complexo de fatos, nem sempre corresponde suporte fático de regra jurídica: no dizer o que é que cabe no suporte fático da regra jurídica, ou, melhor, no que recebe a sua impressão, a sua incidência, a regra jurídica *discrimina* o que há de entrar e, pois, por omissão, o que não pode entrar." (MIRANDA, Pontes de. *Tratado de Direito Privado*. Atualizado por Vilson Rodrigues Alves. Tomo II, Campinas: Bookseller, 2000, p. 221).

se enquadrarem na generalização[187] descrita nos conseqüentes das respectivas normas de competência tributária dos impostos.[188] Não poderão, no entanto, fracioná-los, visando múltiplas incidências sobre partes de um todo indecomponível. O encaixe do conceito do fato jurídico tributável ao conceito da descrição apresentada no conseqüente das regras de competência dos impostos torna-os incindíveis para fins de instituição e cobrança de impostos.

Já se vê, agora, que raros serão os conflitos de competência não solvidos pela correta interpretação constitucional, poucas oportuni-

---

[187] Ao espelhar um objeto da realidade no seu antecedente, as regras apresentam uma generalização (*entrenchment generalizations*), uma descrição factual que adota determinadas características e despreza outras. Os fatos enquadrados na generalização que compõe o antecedente da regra deverão ter as conseqüências fixadas no prescritor normativo. Ver SCHAUER, Frederick. *Plaiyng by the rules: a philosofical examination of rule-based decision-making in law and in life*. Claredon: Oxford, 2002, p. 42.

[188] ALFREDO AUGUSTO BECKER já havia destacado a possibilidade da indicação de fatos jurídicos como núcleo da hipótese de incidência tributária: "Muitas vezes, a hipótese de incidência já é um fato jurídico com sua respectiva relação jurídica (ex: contrato de locação) e a incidência duma segunda regra jurídica (cuja hipótese de incidência é aquele fato jurídico) desencadeia a irradiação de mais outra relação jurídica (ex: tributária). (...) A hipótese de incidência pode consistir em qualquer fato (sentido lato) positivo ou negativo, seja de natureza física, biológica, psíquica, econômica, política, artística, religiosa, etc... e inclusive de natureza jurídica." (BECKER, Alfredo Augusto. *Teoria Geral do Direito Tributário*. 3ª ed. São Paulo: LEJUS, 1998, p. 296 e 325). Para RICARDO LOBO TORRES: "o fato gerador da obrigação tributária pode ser, portanto, um qualquer fato jurídico ou um conjunto de fatos jurídicos. A morte do *de cujus* é um fato jurídico previsto no direito civil que se transforma em fato gerador tributário, deflagrando a obrigação principal do imposto *causa mortis*." (TORRES, Ricardo Lobo. *Curso de Direito Financeiro e Tributário*, 14ª ed. Rio de Janeiro: RENOVAR, 2007, p. 241). As normas de competência dos impostos, ao apresentarem a descrição de um fato jurídico como delimitação das partições de poder, adotam uma prática bastante comum no âmbito do Direito Tributário: as regras de imposição tributária ou regras-matrizes de incidência tributária trazem sempre, em seu antecedente, uma descrição factual (hipótese de incidência). O uso de tal técnica normativa fez com que muitos autores considerassem o Direito Tributário um direito de sobreposição, conforme refere EDUARDO DOMINGOS BOTALLO: "Agora é o momento de nos acercarmos do Direito Tributário, o que leva, de início, a recordar a muito conhecida afirmação do grande tributarista Gian Antonio Micheli, professor da Universidade de Roma, segunda a qual *o direito tributário é um direito de sobreposição*. E não há dúvida de que Micheli tinha razão. (...) Quando, por exemplo, nos dispomos a estudar o IPTU (Imposto sobre a Propriedade Territorial e Predial Urbana), na verdade, não poderemos fazê-lo sem ter perfeito domínio do que seja o direito de propriedade. Quem não estiver familiarizado com o regime jurídico da propriedade jamais irá entender convenientemente o IPTU. Por certo, tal estudo haverá de dar-se não no campo do Direito Tributário, mas no do Direito Privado, onde se encontram os elementos necessários para a correta compreensão do instituto." (BOTALLO, Eduardo Domingos. "Alguns reflexos do Código Civil no Direito Tributário". *In* GRUPENMACHER, Betina Trieger (coord.). *Direito Tributário e o Novo Código Civil*. São Paulo: Quartier Latin, p. 174).

dades restando ao legislador complementar no que toca à função que lhe atribui o art. 146, I, da Constituição da República.[189]

Bem postas as premissas das quais se valerá o aplicador das normas de competência dos impostos, nada impede se avance no estudo das hipóteses de conflito que envolvam a regra de competência do ISSQN.

---

[189] ROQUE ANTÔNIO CARRAZZA entende que todos os conflitos de competência tributária têm solução constitucional, restando às leis complementares a função de reafirmar o que da Carta Constitucional já se extrai: "Diante de tudo que sustentamos, podemos agora inferir, sem sinal de dúvida, que os possíveis conflitos de competência, em matéria tributária, já se encontram resolvidos na própria Constituição. Sendo esta premissa verdadeira, como já não se pode hesitar, temos, necessariamente, que também as limitações ao exercício das competências tributárias vem todas encartadas na Lei Magna, não sendo dado ao legislador infraconstitucional (e.g., o complementar) delas se ocupar, a não ser no intuito de reafirmá-las. Assim é porque a competência tributária e as limitações ao seu exercício são o verso e o anverso de uma mesma moeda. O tratamento jurídico dispensado a uma, aproveita à outra. Separá-las (a não ser para fins didáticos) equivale a destruí-las." (CARRAZZA, Roque Antônio. *Conflitos de competência: um caso concreto*. São Paulo: Revista dos Tribunais, 1983, p. 50/51).

6. Conflito entre Municípios e união: ISSQN x IPI e ISSQN x IOF

6.1. ISSQN x IPI

6.1.1. A regra de competência do IPI

O Imposto sobre Produtos Industrializados (IPI) é o tributo federal cuja regra de competência advém da interpretação dada ao art. 153, IV, CRFB, assim redigido:

> Art. 153. Compete à União instituir impostos sobre:
> (...)
> IV – produtos industrializados;

Da Constituição da República se retira o núcleo da materialidade do IPI, o qual está assentado na expressão "produto industrializado", cujo conceito constitucional deverá ser agora explicitado.[190]

Não há séria divergência doutrinária a respeito de que, adotando a metodologia de interpretação defendida ao longo desse estudo, a construção do conceito constitucional de "produto industrializado" deverá partir do "sentido literal" colhido da comunidade jurídica pré-constitucional. Já ditava o Código Tributário Nacional, antes

---

[190] Com a sabedoria que marca toda sua obra, PAULO DE BARROS CARVALHO pontifica: "Com relação ao IPI, a hipótese de incidência da regra-matriz que faz agora os nossos cuidados está representada pela circunstância de alguém vir a industrializar produtos, em qualquer lugar do território nacional, considerando-se acontecido o fato no instante em que os produtos industrializados deixarem o estabelecimento." (CARVALHO, Paulo de Barros. "IPI – Comentários sobre as Regras Gerais de Interpretação da Tabela NBM/SH (TIPI/TAB)". *Revista Dialética de Direito Tributário* n. 12, setembro de 1996, p. 51).

da elaboração da Carta Constitucional de 1988, o que haveria de se entender por produto industrializado.[191] O parágrafo único do art. 46 do CTN dispõe: "considera-se industrializado o produto que tenha sido submetido a qualquer operação que lhe modifique a natureza ou a finalidade, ou o aperfeiçoe para o consumo". Tal operação (que modifique a natureza ou a finalidade do produto, ou o aperfeiçoe para o consumo) é a industrialização. Obviedade óbvia: não há produto industrializado sem prévia industrialização[192] – o que deixa fora da órbita de incidência do IPI, por exemplo, as obras artesanais e os bens resultantes de processos extrativistas.

No contexto de significado e mesmo em face dos princípios constitucionais não há nada que pareça alterar o "sentido literal" advindo da legislação pretérita, o que o torna equivalente ao conceito constitucional de "produto industrializado".

A construção da regra de competência do IPI passa, ainda, pela interpretação do termo "operações", constante do inciso II do § 3º do art. 153 da Constituição da República.[193] Acreditamos, aqui, na linha do entendimento de Eduardo Domingos Bottallo e Geraldo Ataliba,[194] que o termo "operações" deve ser interpretado como uma exigência constitucional quanto ao modo de saída do produto de

---

[191] Nos idos de 1970, o MINISTRO ALIOMAR BALEEIRO já afirmava que *"o produto é industrializado não porque a lei assim o determine, mas quando sofre um processo de transformação que lhe altere a natureza, de modo a perder a qualidade de produto agrícola, pecuário ou extrativo para adquirir a de produto manufaturado. A lei não pode dizer que é produto industrializado o que não é. Se o faz, viola a Constituição"* (RE 70213, STF, 1ª Turma, Rel. Min. Aliomar Baleeiro, julgado em 03/11/1970, DJU 18/12/1970, s/p).

[192] "Consequentemente, para a configuração da *hipótese do fato gerador*, tem de ser considerado o ato industrial que é elemento essencial à concretização do *elemento material* desta *hipótese*. Ele é um *prior* em relação a esse *elemento material*, que é, afinal, o *produto industrializado*." (BRITO, Edvaldo. "IPI: Gerador na Obrigação". *Revista Tributária e de Finanças Públicas* n. 45, julho-agosto de 2002, p. 236).

[193] "§ 3º. O imposto previsto no inciso IV: II – será não cumulativo, compensando-se o que for devido em cada operação com o montante cobrado nas anteriores;".

[194] "Voltando ao ponto principal, reafirme-se, conforme já tivemos a oportunidade de acenar linhas acima, que não basta ocorrer a industrialização de um produto, para que o IPI seja devido. Por igual modo, é insuficiente que o produto industrializado saia do estabelecimento produtor. Na verdade, a obrigação de pagar IPI se aperfeiçoa apenas quando a saída do produtor industrializado seja causada por um negócio jurídico" (BOTALLO, Eduardo Domingos. *Fundamentos do IPI (imposto sobre produtos industrializados)*. São Paulo: Revista dos Tribunais, 2002, p. 37). Na mesma linha, GERALDO ATALIBA: "É, em princípio, hipótese de incidência do IPI *o fato de um produto, sendo industrializado, sair de estabelecimento produtor, em razão de um negócio jurídico translativo da posse ou da propriedade do mesmo*. Essa definição é jurídica e se despreocupa quer dos ângulos econômicos, do fenômeno subjacente, quer da motivação do legislador ou de seus desígnios." (ATALIBA, Geraldo. "Hipótese de Incidência do IPI" *Estudos e Pareceres de Direito Tributário*. Vol. 1, São Paulo: Revista dos Tribunais, 1978, p. 3).

dentro do estabelecimento industrial: tal saída deverá ocorrer por meio de negócio jurídico translativo de posse ou propriedade.

A materialidade do IPI,[195] que se retira da interpretação do art. 153, IV, da CRFB, portanto, indica que tal imposto poderá ser instituído quando se verificar: (*i*) o ato de industrialização; (*ii*) seu resultado (produto industrializado)[196] e (*iii*) a saída de tal produto do estabelecimento industrial por meio de negócio jurídico translativo de posse ou propriedade. Nada além ou fora disso.

Por exigência constitucional, destarte, a materialidade do IPI impõe, além de um produto final (resultado), a ocorrência prévia de um ato de industrialização (ato que modifique a natureza, a finalidade ou aperfeiçoe algum produto ao consumo) – o qual representa, indubitavelmente, um *faccere*. A exigência desse ato (industrialização) aproxima a materialidade do IPI da materialidade do ISSQN (prestar serviços), muitas vezes ensejando dificuldades na eleição da regra de competência tributária a ser aplicada. Nem mesmo o fato de que a industrialização somente poderá ser tributada pelo IPI quando resultar em um produto industrializado ameniza tal dificuldade, tendo em vista que alguns serviços exigem veiculação por um *corpus mechanicum* (ex: *software* por encomenda, que exige um disquete, um

---

[195] "O IPI incide sobre operações jurídicas praticadas com produtos industrializados. Nos termos da Constituição, ele deve ter por hipótese de incidência o fato de alguém industrializar produto e levá-lo para além do estabelecimento produtor, por força da celebração de um negócio jurídico translativo de sua posse ou propriedade." (BOTALLO, Eduardo Domingos. *Fundamentos do IPI (imposto sobre produtos industrializados)*. São Paulo: Revista dos Tribunais, 2002, p. 35).

[196] CLÉBER GIARDINO alerta que o IPI não incide sobre o processo de industrialização: "O ato de produzir é logicamente precedente à existência do produto. Não se pode pensar em 'produto' sem que antes se tenha desenvolvido uma atividade produtiva, da qual, exatamente, é ele o resultado final. Por isso com o IPI não se tributa a 'atividade de produção'. É forçoso concluir que a Constituição impede a simples tributação da atividade ou do processo de produção, porque se assim fosse não se estaria em verdade tributando o produto e sim o conjunto de componentes que se prestam ao exercício da atividade. Pela sua utilização é que se obtém afinal um 'produto' (se a produção for posta na materialidade da hipótese de incidência de um imposto, já não se estará diante de IPI, mas de imposto diverso)". (GIARDINO, Cléber. "Conflitos entre Imposto sobre Produtos Industrializados e Impostos sobre Operações Relativas à Circulação de Mercadorias". *In* DÓRIA, Antônio Roberto Sampaio (coord.) *et al*. *Textos Selecionados de Direito Tributário: X Curso de Especialização em Direito Tributário – IBET – IDEP –ESAF*. São Paulo: Resenha Tributária e Revista dos Tribunais, 1983, p. 245). Tem razão, porquanto somente haverá produto <u>industrializado</u> quando previamente houver industrialização – conforme o próprio doutrinador observa na seqüência do artigo parcialmente transcrito (p. 247). Nessa linha, concordamos, pedindo *venia* pela redundância da afirmação de que a materialidade do IPI exige industrialização <u>e</u> produto industrializado, redundância esta que tem o mérito, ao menos, de servir a fins didáticos.

CD, um *pendrive*, ...). Em tais casos, nos quais os serviços são expressos num bem material, tornam-se similares as materialidades dos dois impostos (IPI e ISSQN).

6.1.2. A distinção entre as materialidades do ISSQN e do IPI

Como visto, por exigir uma prévia industrialização, além de seu resultado ("produto industrializado") e da posterior realização de um negócio jurídico translativo de posse ou propriedade, o critério material do IPI tem entre seus componentes uma obrigação de fazer. Tal obrigação de fazer acaba, muitas vezes, sendo confundida com a prestação de serviços que marca a hipótese de incidência do ISSQN, o que torna fundamental, assim, diferençá-las.

José Eduardo Soares de Mello, distinguindo as hipóteses de incidência do IPI e do ISS, dita que "a materialidade do IPI compreende uma operação (ato jurídico) concernente a uma obrigação de 'dar' um bem de produção imediatamente anterior, *e que não decorra de encomenda específica*" (grifou-se).[197]

---

[197] MELLO, José Eduardo Soares. *O Imposto sobre Produtos Industrializados – IPI na Constituição de 1988*. São Paulo: Revista dos Tribunais, 1991, p. 130. MISABEL ABREU MACHADO DERZI trilha a mesma vereda: "Portanto, no fazer industrial para a venda cria-se um produto-tipo, repetível, representativo de uma série; por isso mesmo sobrepõe-se-lhe o dar, o dar algo padronizado e massificado. As necessidades atendidas são de massa, não as específicas e individuais. No prestar serviços que caracteriza o conceito nuclear do fato gerador do ISS, o fazer é central, de tal modo que, mesmo corporificado em materiais, o serviço executado ajusta-se às necessidades peculiares do usuário, daí a sua personificação." (DERZI, Misabel Abreu Machado. NOTAS. *In* BALEEIRO, Aliomar. *Direito Tributário Brasileiro*. 11ª ed. Rio de Janeiro: Forense, 2007, p. 496). Pelas palavras de MARÇAL JUSTEN FILHO: "Por industrialização compreendem-se as atividades materiais de produção e ou beneficiamento de bens, realizadas em massa, em série, estandardizadamente. Os bens industrializados surgem como espécimes idênticos dentro de uma classe ou de uma séria intensivamente produzida (ou produtível). Diríamos que industrialização denota homogeneidade não-personificada nem personificável de produtos. (...) Em distinção prende-se à intrínseca natureza da prestação de serviços que se vincula à noção de atuação personificada e individualizada, de atuação artesanal, não-massificada" (JUSTEN FILHO, Marçal. *O Imposto sobre Serviços na Constituição*. São Paulo: Revista dos Tribunais, 1985, p. 115). CLÉLIO CHIESA, por sua vez, afirma: "Seja como for, para efeito deste trabalho, cumpre destacar que há um certo consenso de que a materialidade do ISS caracteriza-se essencialmente pela especificidade, ou seja, a prestação de serviço demanda um 'esforço humano personalizado', que pode ou não culminar com a entrega de um bem corpóreo ou mesmo na aplicação de materiais. Já no IPI não há essa personalização, a atividade humana é desenvolvida com o fim último de produzir um bem a ser colocado em comércio, sem qualquer preocupação com a especificidade solicitada pelo eventual comprador." (CHIESA, Clélio. "Industrialização sob encomenda: Incidência de ISS, IPI, ICMS ou nenhum desses impostos?". *In* ROCHA, Valdir Oliveira. *Grandes Questões Atuais do Direito Tributário*. Vol. 9. São Paulo: Dialética, 2005, p. 66). No mesmo sentido, ver BAPTISTA, Marcelo Caron. *ISS: do texto à norma*. São Paulo: Quartier Latin, 2005, p. 320.

Bem apontado pelo respeitado tributarista o ponto nodal da diferença entre ambas materialidades: o IPI, ao incidir sobre operações que envolvam "produtos industrializados", exige que haja produção em massa (produção industrial) e que sua finalidade seja mercantil. Já o ISSQN, que recai sobre uma obrigação de fazer, não se relaciona com a idéia de produção em massa nem de venda final de um produto, exigindo, ao invés, uma certa particularização. Mesmo aqueles serviços que obrigatoriamente exijam um *corpus mechanicum* se prestam à incidência do ISSQN somente se forem encomendados especificamente por determinado cliente, de acordo com suas particulares exigências e/ou necessidades: o foco está no fazer, não no dar. *A especificidade da encomenda do serviço, que deve ser adequado às necessidades e particularidades de cada cliente, permite a incidência do ISSQN e afasta a do IPI.*[198]

Grandes dúvidas surgem, porém, quando o processo de industrialização envolve uma seqüência de atos, alguns, inclusive, praticados por pessoa diversa do contribuinte do IPI. Por exemplo: a industrialização de cadeiras de metal exige solda, montagem das peças e final polimento. Pode o industrial realizar os atos relativos ao processo de solda, montagem e final polimento, posteriormente remetendo o produto industrializado a seus clientes, através de negócios jurídicos translativos de propriedade. Nessa hipótese, salta aos olhos a incidência do IPI. Conforme estabelecido nas premissas relativas ao exame de eventuais conflitos de competência tributária,

---

[198] Discordamos, aqui, do entendimento da MINISTRA ELIANA CALMON, expresso no julgamento do REsp 395.633: "TRIBUTÁRIO. IPI. PRODUTO INDUSTRIALIZADO. MÓVEIS SOB ENCOMENDA. AFASTAMENTO DA INCIDÊNCIA DO ISS. 1. Constitucionalmente, é o IPI o imposto prioritário para incidir em todas as matérias-primas que trabalhadas têm sua destinação alterada. 2. A fabricação de móveis de madeira não se confunde com as artes gráficas de impressos personalizados, em que prepondera sob o material a prestação de serviço. 3. A incidência do IPI é tão rigorosa que até mesmo as madeiras polidas e serradas são geradoras de IPI, segundo a jurisprudência do STF. 4. Recurso improvido." (REsp. 395.633/RS, STJ, 2ª Turma, v.u., julgado em 12/11/2002, DJU 16/03/2003, p. 212). No voto-condutor do aludido julgado, a MINISTRA ELIANA CALMON, embora tenha confirmado que estava a tratar do fornecimento de "*móveis sob encomenda*", estabeleceu que haveria de incidir o IPI, tendo em vista que "*não pode descaracterizar a operação que sofre a madeira, transformada em um produto final com características inteiramente novas, o simples atendimento a um modelo ou mesmo a uma técnica sugerida ou fornecida pelo destinatário do produto*" e que "*o sistema tributário brasileiro tem como princípio basilar, decorrente da regra constitucional, o da estrita legalidade, recaindo o IPI sobre os produtos decorrentes da transformação da matéria prima*". Parece-nos, ao revés, que o fornecimento de móveis sob encomenda não se pode caracterizar como operação que envolva produtos industrializados, pois cada encomenda demanda o atendimento de diferentes tarefas em face à diversidade de características e necessidades de cada cliente. Incidente, em tais casos, o ISSQN.

nem mesmo o fato de o polimento estar previsto na lista anexa à LC 116/03 (item 14.05) poderá torná-lo tributável pelo ISSQN no caso agora examinado. O polimento, aqui, na condição de mero evento, compõe o fato jurídico "industrialização", que serve à incidência do IPI. Por tal motivo, não poderá desencadear, também, a incidência do ISSQN. Nem mesmo o legislador complementar pode fracionar o fato jurídico "industrialização" com a pretenção de tributar o evento "polimento" – sob pena de avançar na distribuição de competências tributárias, matéria acessível somente ao constituinte.

São de Cléber Giardino as palavras definitivas sobre a questão:

> Os serviços implicados no processo industrial podem ser tributados pela União – e não pelo Município, na medida em que se acham compreendidos na competência tributária federal. Os serviços que não guardam atinência com a industrialização (não se incluindo assim na competência federal), autorizam apenas a tributação municipal – nunca da União. O que não se pode concluir por agressivo ao sentido e a letra da Constituição Federal é que dado serviço possa configurar simultaneamente materialidade de hipótese de incidência de IPI e de ISS.[199]

Desta forma, ainda que estejam arrolados na lista anexa à legislação complementar de que trata o art. 156, III, da CRFB/88, os serviços embutidos no processo de industrialização não servirão à incidência do ISSQN, mas, apenas, fazendo parte do conjunto de eventos que forma o fato jurídico "industrialização" e quando dele resultar "produto industrializado", se prestarão à incidência do IPI.

Poderá o industrial, em outra oportunidade, no entanto, realizar os atos relativos ao processo de solda e montagem, enviando o produto, ainda inacabado, para terceiro, que irá poli-lo. Diante de tal hipótese, incidirá o ISSQN sobre o ato de polimento (item 14.05, lista anexa à LC 116/03), considerado como fato jurídico autônomo (serviço)? Ou tal ato estará fora da incidência do ISSQN, por se tratar de parte do fato jurídico "industrialização" ou atividade-meio[200] indispensável à final industrialização da qual decorrerá a produção das cadeiras de metal?

---

[199] GIARDINO, Cléber. "ISS e IPI – Competências Tributárias Inconfundíveis – A inaceitável conclusão do Parecer Normativo CST n. 83/77". *Revista de Direito Tributário* n. 6, outubro-dezembro de 1978, p. 199.

[200] "Não é possível, porque ilegal e inconstitucional, pretender tributar atividades-meio, separando-as do fim perseguido, para considerá-las separadamente, isoladamente, como se cada uma delas correspondesse a um serviço autônomo, independente. Isso seria uma aberração jurídica, além de constituir-se em desconsideração à hipótese de incidência desse imposto" (BARRETO, Aires F. *ISS na Constituição e na Lei*. 2ª ed. São Paulo, Dialética, 2005, p. 170).

Entendemos que a terceirização de parcela do processo de industrialização gera importantes conseqüências no campo tributário. O produto inacabado, ao sair do estabelecimento do industrial em direção a quem irá poli-lo, não será submetido ao IPI, tendo em vista ainda estar em curso o processo de industrialização, ainda não existir o produto industrializado "cadeira de metal" e tampouco negócio jurídico com intuito de venda, conforme exige o art. 153, IV, CRFB/88. Por outro lado, o polimento realizado por terceiro em favor do industrial, previsto no item 14.05 da lista anexa à LC 116/03, servirá à incidência do ISSQN. Não sendo o produto vendido, mas, sim, devolvido ao industrial, é inegável que o polidor prestou um serviço, realizado sobre o bem (produto inacabado) que já pertencia ao industrial. Nem se diga que tal atividade (polimento) seria mera etapa do processo de industrialização, eis que industrial e polidor tiveram que firmar entre si contrato próprio, negócio jurídico autônomo, no qual o segundo (polidor) se compromete a polir o bem do primeiro (industrial), de acordo, exatamente, com as exigências deste (particularização). Tal negócio jurídico (contrato de prestação de serviço), firmado entre industrial e polidor, autônomo em relação ao negócio jurídico que será firmado entre o industrial e seus clientes, servirá à incidência do ISSQN. Pouco importa, aqui, que a LC 116/03 tenha suprimido a parte final do item 72 da lista do antigo DL 406/68, que referia somente incidir o ISSQN nos casos de "recondicionamento, acondicionamento, pintura, beneficiamento, lavagem, secagem, tingimento, galvanoplastia, anodização, corte, recorte, polimento, plastificação e congêneres" *quando o objeto não fosse destinado à industrialização ou à comercialização*. Mesmo que o item 14.05 da lista anexa à LC 116/03 indique que haverá a incidência de ISSQN sobre as atividades acima identificadas, quando realizadas em "objetos quaisquer", não é possível permitir a incidência do imposto municipal nas oportunidades em que tais atividades compuserem o fato jurídico "industrialização", sob pena de usurpação da competência tributária privativa da União.

Nesse sentido, revela Clélio Chiesa:

> Na industrialização por encomenda em que o fabricante contrata um terceiro para que produza bens que utiliza na sua linha de produção, sem o fornecimento do material, a nosso ver deve incidir o IPI e ICMS, pois o objeto do contrato não é meramente prestar um serviço, mas produzir bens, salvo se se tratar de uma hipótese em que ficar caracterizada a produção personificada. (...) Nos contratos em que o

contratante fornece o material e o contratado assume o compromisso de realizar as transformações solicitadas, não há que se cogitar da incidência do IPI nem do ICMS, mas apenas do ISS.[201]

Em tal hipótese, portanto, em que o industrial remete o produto (inacabado) ao polidor, para recebê-lo, depois, pronto para venda, haverá incidência do ISSQN quanto ao ato de polir. Haverá também, posteriormente, quando da saída do produto do estabelecimento do industrial, através de negócio jurídico translativo de posse ou propriedade, incidência de IPI. Dessa forma, os impostos recairão cada qual sobre um fato jurídico autônomo, nos limites das competências outorgadas pelo constituinte.

6.2. ISSQN x IOF

6.2.1. A regra de competência do IOF e a interpretação do signo "operações"

Consoante determina o art. 153, V, da CRFB/88,[202] compete à União a instituição de impostos sobre operações de "crédito, câmbio e seguro, ou relativas a títulos e valores mobiliários".

Já de início se vê que a interpretação do art. 153, V, da CRFB/88, dá origem a quatro regras de competência tributária distintas: uma relativa a "operações de crédito"; outra a "operações de câmbio"; a terceira a "operações de seguro" e por fim a "operações relativas a títulos e valores mobiliários".

O termo "operações", de que se valeu o constituinte ao redigir o supracitado dispositivo constitucional, deve ser entendido como correspondente à realização de negócios jurídicos – que tenham por objeto crédito, câmbio, seguro ou títulos e valores mobiliários.[203]

---

[201] CHIESA, Clélio. "Industrialização sob encomenda: Incidência de ISS, IPI, ICMS ou nenhum desses impostos?". In ROCHA, Valdir de Oliveira (coord.). Grandes Questões Atuais do Direito Tributário. Vol. 9. São Paulo: Dialética, 2005, p. 71/72.

[202] "Art. 153. Compete à União instituir impostos sobre: V – operações de crédito, câmbio e seguro, ou relativas a títulos e valores mobiliários;".

[203] YVES GANDRA DA SILVA MARTINS entende que o termo 'operações', quanto ao IOF, traz em si a idéia de circulação, afirmando: "O certo é que da mesma forma que o ICMS incide sobre operações relativas à circulação de mercadorias e prestação de serviços, o IOF incide

Sobre o sentido a ser conferido ao termo "operações" quando da interpretação do art. 153, V, da CRFB/88, Celso Ribeiro Bastos leciona:

> O mesmo sucede no tangente à hipótese de incidência do IOF, uma vez que a palavra "operações" haverá de ser compreendida com igual mensuração. Destarte, a norma matriz de incidência antessupõe a realização de "operações" (entendida como negócio jurídico) as quais podem ter por objeto os adjuntos "crédito", "seguro", "câmbio", "título ou valores mobiliários".[204]

Sacha Calmon Navarro Coelho compartilha de tal entendimento:

> O imposto se pretende classificado entre os impostos sobre circulação. É imposto sobre negócios cambiais, financeiros, creditícios e de seguros. É tipicamente imposto sobre negócios jurídicos específicos.[205]

Embora o presente estudo não comporte maiores aprofundamentos a respeito dos diversos aspectos de cada uma das hipóteses de incidência do IOF, cabe analisar as respectivas materialidades, tornando possível, assim, apartar as competências outorgadas à União pelo art. 153, V, daquela direcionada aos Municípios pelo art. 156, III, ambos da CRFB.

6.2.2. A regra de competência do IOF/Crédito e sua distinção frente à materialidade do ISSQN

A primeira das materialidades do IOF é aquela relativa às operações de crédito. Bem evidenciado que o termo "operações" significa negócios jurídicos, importa construir o conceito constitucional do

---

sobre operações relativas à circulação de títulos e valores mobiliários, sendo, de rigor, um dos nove impostos de natureza circulatória do sistema brasileiro" (MARTINS, Yves Gandra da Silva. "IOF". In MARTINS, Yves Gandra da Silva (coord.) . Caderno de Pesquisas Tributárias: Tema IOF. vol. 16: São Paulo: Resenha Tributária e Centro de Estudos em Extensão Universitária, 1991, p. 59). MISABEL ABREU MACHADO DERZI refere que "a hipótese de incidência do imposto tem um núcleo comum: operações jurídicas, que configuram execução de atos e negócios jurídicos mercantis-financeiros, desde que sejam relativos a crédito, câmbio, seguro, título e valores mobiliários" (DERZI, Misabel Abreu Machado. NOTAS. In BALEEIRO, Aliomar. Direito Tributário Brasileiro. 11ª ed. Rio de Janeiro: Forense, 2007, p. 462).

[204] BASTOS, Celso Ribeiro. "Imposto sobre Operações Financeiras". In MARTINS, Yves Gandra da Silva (coord.) . Caderno de Pesquisas Tributárias: Tema IOF. vol. 16: São Paulo: Resenha Tributária e Centro de Estudos em Extensão Universitária, 1991, p. 108.

[205] COELHO, Sacha Calmon Navarro. Curso de Direito Tributário Brasileiro. 9ª ed. Rio de Janeiro: Forense, 2008, p. 513.

signo "crédito" – fundamental à delimitação do campo de incidência do tributo federal.

De acordo com a linha metodológica até aqui seguida, se faz necessário partir à obtenção do "sentido literal" do termo "crédito", que deverá ser colhido dos usos lingüísticos realizados pela comunidade jurídica pré-constitucional. Serve, para tanto, a lembrança das palavras de João Eunápio Borges:

> Em qualquer operação de crédito o que sempre se verifica é a troca de um valor presente e atual por um valor futuro. Numa venda a prazo o vendedor troca a mercadoria – valor presente e atual – pela promessa de pagamento a ser feito futuramente pelo comprador. No mútuo ou em qualquer modalidade de empréstimo, à prestação atual do credor corresponde a prestação futura do devedor.[206]

Ponto comum nas definições jurídicas do termo "crédito", as idéias de confiança[207] e de troca de coisa presente por coisa futura marcam seu significado, o que fez Marilene Talarico Martins Rodrigues afirmar que operações de crédito são "negócios jurídicos futuros, mediante os quais alguém efetua uma prestação presente, contra a promessa de uma prestação futura".[208]

Hugo de Brito Machado também refere que "está sempre presente no conceito de operação de crédito a idéia de troca de bens presentes por bens futuros, daí por que se diz que o crédito tem dois elementos, a saber, a confiança e o tempo".[209]

Tem-se, assim, que são operações de crédito os negócios jurídicos bilaterais, através dos quais uma das partes cumpre determinada obrigação consubstanciada na entrega de um bem (inclusive dinheiro) e a partir daí faz jus ao recebimento de contraprestação

---

[206] BORGES, João Eunápio. *Títulos de Credito*. 2ª ed. Rio de Janeiro: Forense, 1983, p.7.

[207] FRAN MARTINS refere: "O crédito, ou seja, a confiança que uma pessoa inspira a outra de cumprir, no futuro, obrigação atualmente assumida, veio facilitar grandemente as operações comerciais, marcando um passo avantajado para o desenvolvimento das mesmas." (MARTINS, Fran. *Títulos de Crédito*. Vol. 1. 3ª ed. Rio de Janeiro: Forense, 1983, p. 3).

[208] RODRIGUES, Marilene Talarico Martins. "IOF". *In* MARTINS, Yves Gandra da Silva (coord.). *Caderno de Pesquisas Tributárias: Tema IOF*. vol. 16: São Paulo: Resenha Tributária e Centro de Estudos em Extensão Universitária, 1991, p. 154.

[209] MACHADO, Hugo de Brito. "IOF". *In* MARTINS, Yves Gandra da Silva (coord.). *Caderno de Pesquisas Tributárias: Tema IOF*. vol. 16: São Paulo: Resenha Tributária e Centro de Estudos em Extensão Universitária, 1991, p. 120.

futura[210] – cabendo o lembrete de que não é essencial a participação, em tais negócios creditícios, de instituições financeiras.[211]

O simples passar de olhos na materialidade do IOF/Crédito, pautada na realização de operações de crédito basta para evidenciar sua diferença frente à materialidade do ISSQN (prestar serviços de qualquer natureza, definidos em lei complementar). As operações de crédito tratam de obrigações de dar, retribuídas por contraprestações futuras. É sempre antecipada a entrega de um bem, restando a quem o cedeu o direito de receber contraprestação futura (crédito). Já a prestação de serviços que marca o ISSQN, conforme visto, caracteriza um fazer.

Conclusão inequívoca a que se chega pela verificação da diferença que marca os fatos tributáveis pelo ISSQN (obrigações de fazer) daqueles tributáveis pelo IOF/Crédito (obrigações de dar): há nítida distinção entre as materialidades do imposto municipal e do imposto federal. As operações de crédito não podem ser confundidas com serviços por não representarem obrigações de fazer.

Possível confusão poderá ocorrer, contudo, quando da realização de prestações de fazer intrinsecamente vinculadas às obrigações de dar sujeitas ao IOF: as chamadas atividades-meio. Atividade-meio é aquela atividade indispensável à realização de outro fato (fato-fim) – *in casu*, à realização das operações de crédito. Exemplo: o fato de

---

[210] SACHA CALMON NAVARRO COELHO, depois de colher a conceituação de crédito ofertada por JX CARVALHO DE MENDONÇA, refere que: "Materialmente, *operações de crédito* significam: "a) operações de empréstimo; b) operações de abertura de crédito; c) operações de desconto de títulos de crédito" (COELHO, Sacha Calmon Navarro. *Curso de Direito Tributário Brasileiro*. 9ª ed. Rio de Janeiro: Forense, 2008, p. 515). RICARDO LOBO TORRES, por sua vez, dispõe que o IOF incide sobre "*a) as operações de crédito, assim entendidos os empréstimos, financiamentos e abertura de direito de saque sob qualquer forma*" (TORRES, Ricardo Lobo. *Curso de Direito Financeiro e Tributário*, 14ª ed. Rio de Janeiro: RENOVAR, 2007, p. 378).

[211] "O que queremos demonstrar é que as operações de crédito nem sempre são realizadas com instituições financeiras. O mútuo, como operação comercial, não se enquadra, em princípio, na definição de operação financeira. Somente quando da relação jurídica participa uma instituição financeira é que estaremos diante de uma operação financeira. Dentre as chamadas operações bancárias, são operações de crédito, por exemplo: a) o mútuo bancário; b) a abertura de crédito; c) a antecipação bancária; d) o crédito documentado ou documentário; e) o crédito imobiliário; f) o crédito rural; g) o crédito industrial etc." (MOSQUERA, Roberto Quiroga. *Tributação no Mercado Financeiro e de Capitais*. São Paulo: Dialética, 1998, p. 108). Nesse sentido, ao julgar a Medida Cautelar decorrente da ADIn 1.763-8, o STF adotou a posição expressa no voto do MINISTRO SEPÚLVEDA PERTENCE, que ditava: "(...) é de notar, primeiro, que não há no CTN – e nem a Constituição o autorizaria –, a restrição subjetiva das operações de créditos tributáveis pelo IOF àquelas praticadas pelas instituições financeiras" (Medida Cautelar na ADIn 1.763-8, STF, Tribunal Pleno, Rel. Min. Sepúlveda Pertence, julgada em 20.08.1998, DJU26/09/2003, p. 05).

uma instituição financeira, objetivando a realização de empréstimo, ter de providenciar o cadastramento de seus clientes, embora tal atividade, quando vista de forma isolada, se enquadre no conceito constitucional de serviço e esteja descrita na lista anexa à legislação complementar de que trata o art. 156, III, CRFB (item 15.05 da lista-anexa à LC 116/03), não lhe obriga ao recolhimento de ISSQN,[212] como avistou Misabel Abreu Machado Derzi:

> Como considerar atividades, p.ex., como elaboração de contratos ou de fichas cadastrais, serviços de datilografia, secretaria, expediente, etc. se essa atividade é instrumental ou acessória de operação de crédito e financiamento sujeita ao IOF federal? A jurisprudência veio firmando, então, a inteligência de que, toda vez que uma atividade é simplesmente instrumental ou acessória de outra autônoma, ela deve receber o mesmo tratamento jurídico que se dá a atividade-fim, autônoma. Se a atividade-fim está sujeita ao ISS, tributa-se, também, a acessória, mas se, ao contrário, a atividade acessória ou instrumental integra a atividade-fim isenta ou sujeita a tributo de alheia competência, é intributável pelo Município.[213]

Conforme já demonstrado, o imposto municipal só pode incidir sobre prestações de serviço que sejam um fim-em-si-mesmo, não sobre meras atividades-acessórias, indispensáveis à final realização de operações de crédito.[214] Sendo meio à consecução de uma obrigação

---

[212] Versando a respeito do item 15.08 da lista anexa à LC 116/03, refere JOSÉ EDUARDO SOARES DE MELO: "Trata-se de atividades (intermediárias, paralelas ou complementares) pertinentes às operações de crédito, ou seja, negócio jurídico de competência tributária da União (art. 153, V). Por essa razão, a exigência do ISS constituirá invasão de competência" (MELO, José Eduardo Soares de. "O ISS e a Lei Complementar 116 – Conflitos de Competência". In ROCHA, Valdir de Oliveira. *Grandes Questões Atuais do Direito Tributário*. Vol. 8. São Paulo: Dialética, 2004, p. 314).

[213] DERZI, Misabel de Abreu Machado. NOTAS. In BALEEIRO, Aliomar. *Direito Tributário Brasileiro*. 11ª ed. Rio de Janeiro: Forense, 2007, p. 511.

[214] Mais uma vez são de AIRES F. BARRETO as palavras que bem descrevem a tentativa subreptícia de inclusão, na lista de serviços tributáveis pelos municípios, de atividades-meio à realização de operações de crédito: "Com disfarce à invasão, listam-se atividades que são meras tarefas-meio indispensáveis ao exercício da atividade financeira, como, por exemplo, as descritas nos subitens 15.01 – 'administração de fundos quaisquer, de consórcio, de cartão de crédito ou débito e congêneres, de carteira de clientes, de cheques pré-datados e congêneres'; 15.02 – 'abertura de contas em geral, inclusive conta-corrente, conta de investimentos e aplicação e caderneta de poupança, no País e no exterior, bem como a manutenção das referidas contas ativas e inativas'; 15.05 – 'cadastro, elaboração de ficha cadastral, renovação cadastral e congêneres, inclusão ou exclusão no Cadastro de Emitentes de Cheques sem Fundo – CCF ou em quaisquer outros bancos cadastrais'; 15.07 – 'acesso, movimentação, atendimento e consulta a contas em geral, por qualquer meio ou processo, inclusive por telefone, fac-símile, internet e telex, acesso a terminais de atendimento, inclusive vinte e quatro horas; acesso a outro banco e a rede compartilhada; fornecimento de saldo, extrato e demais informações relativas a contas em geral por qualquer meio ou processo'; 15.08 – 'emissão, reemissão, alteração, cessão, substituição, cancelamento e registro de contrato de crédito; estudo, análise e avaliação de operações de crédito; serviços relativos à abertura de crédito para quaisquer fins';

de crédito, tais serviços (intermediários) não permitem a incidência do ISSQN ainda que isoladamente pudessem servir à tributação municipal (por se enquadrarem no conceito constitucional de serviço e estarem previstos na lei complementar a que se refere o art. 156, III, CRFB).

6.2.3. A regra de competência do IOF/Câmbio e sua distinção frente à materialidade do ISSQN

A União também detém competência para instituir IOF sobre operações de câmbio, o que impõe se verifique qual o conceito constitucional do signo "câmbio". Buscando uma vez mais os "usos lingüísticos" da comunidade jurídica pré-constitucional, aos fins de estabelecer o sentido literal do termo examinado, chega-se à clássica lição de Pontes de Miranda, para quem "à permuta de dinheiro por dinheiro chama-se câmbio".[215] Bem próxima é a lição de J. X. Carvalho de Mendonça: "pela palavra câmbio entende-se aqui o poder que tem a moeda de um país de adquirir a moeda de outro".[216]

Na linha da mais clássica doutrina de Direito Privado, portanto, câmbio significa a troca de moedas estrangeiras por moedas nacionais: uma compra e venda de moedas de diversa nacionalidade.[217]

15.12 – 'custódia em geral, inclusive de títulos e valores mobiliários'; 15.15 – compensação de cheques e títulos quaisquer, serviços relacionados a depósito, inclusive depósito identificado, a saque de contas quaisquer, por qualquer meio ou processo, inclusive em terminais eletrônicos e de atendimento'; 15.16 – 'emissão, reemissão, liquidação, alteração, cancelamento e baixa de ordens de pagamento, ordens de crédito e similares, por qualquer meio ou processo; serviços relacionados à transferência de valores , dados, fundos, pagamentos ou similares, inclusive entre contas em geral'; 15.17 – 'emissão, fornecimento, devolução, sustação, cancelamento e oposição de cheques quaisquer, avulsos ou por talão'." (BARRETO, Aires F. *ISS na Constituição e na Lei*. 2ª ed. São Paulo, Dialética, 2005, p. 199).

[215] MIRANDA, Pontes de. Atualizado por Vilson Rodrigues Alves. *Tratado de Direito Privado*. Tomo XXXIV, Campinas: Bookseller, p. 79.

[216] MENDONÇA, J. X. Carvalho de. *Tratado de Direito Comercial*. Vol. IV. Tomo III. Atualizado por Ricardo Rodrigues Gama. Campinas: Russell Editores, 2004, p. 242.

[217] Segundo FABIO ULHOA COELHO "a compra e venda cujo objeto é a moeda estrangeira denomina-se câmbio" e em tal contrato "a moeda nacional é meio de pagamento do preço, e a estrangeira é a coisa vendida" (COELHO, Fábio Ulhoa. *Curso de Direito Comercial* vol. 3. São Paulo: Saraiva, 2000, p. 77). FABIO KONDER COMPARATO alude que "o contrato de câmbio se assemelha a compra e venda. Ele seria, segundo clássica definição, uma *vendictio-pecuniae presentis pro pecunia absenti*. No câmbio, a moeda transforma-se, de instrumento de pagamento em mercadoria, isto é, um bem econômico sujeito ao mercado e submetido à lei da oferta e da procura. (...) Assim, a moeda estrangeira seria comprada ou vendida mediante pagamento em moeda nacional" (COMPARATO, Fabio Konder. *Direito Empresarial: Estudos e Pareceres*. São Paulo: Saraiva, 1995, p. 384/385).

Operações de câmbio, consequentemente, são os negócios jurídicos que têm por objeto a compra ou venda de moedas estrangeiras por moedas nacionais. O contexto de significado ou mesmo os princípios constitucionais não parecem alterar o sentido da expressão, ofertado pela doutrina civilista. Passa, assim, o aludido significado, a ser adotado como conceito constitucional de "operações de câmbio", sobre os quais repousa uma das materialidades do IOF.

Tão clara a significação da expressão "operações de câmbio"[218] e tão distante os fatos nela enquadrados daqueles relativos à prestação de serviço de qualquer natureza, os primeiros sendo típicas obrigações de dar e os segundos obrigações de fazer, que pouco comum são as confusões possíveis entre a materialidade do IOF/Câmbio e a do ISSQN. Vale ressalvar, contudo, que, também aqui, as atividades-meio, indispensáveis à efetivação das operações de câmbio, não poderão ser tributadas pelos municípios, consoante, de forma lúcida, aponta José Eduardo Soares de Melo:

> As operações de câmbio são privativas da União (dispostas basicamente na Lei Federal n. 4.595/64, e regulada por resoluções do Conselho Monetário Nacional e do Banco Central do Brasil), sujeitando-se à incidência do IOC (Imposto sobre Operações de Câmbio).
>
> Evidente que a competência para a tributação federal aplica-se também às atividades-meio, correlatas ou dependentes, não podendo ter distinta implicação tributária (IOC para o câmbio, e ISS para os expedientes e providências relativas aos negócios com câmbio).[219]

Conforme já exposto quando do exame do conceito constitucional de serviço extraído da interpretação do art. 156, III, CRFB, somente poderá sofrer a incidência do imposto municipal o serviço-fim, sendo inadmissível qualquer pretensão de tributar os serviços que correspondam a atividades-meio em relação a fatos jurídicos tributáveis por outros impostos.

---

[218] "Em se tratando de operações cambiais, constitui fato gerador a efetivação, pela entrega da moeda, ou pela do documento que a represente (cheque, ordem, carta de crédito, etc.), ou sua colocação à disposição do interessado em montante equivalente, seja nacional, seja estrangeira, quer entregue, quer posta à disposição. O fato ou o documento. Mesmo apenas o fato da entrega ou colocação ao dispor do beneficiário." (BALEEIRO, Aliomar. *Direito Tributário Brasileiro*. 11ª ed. Rio de Janeiro: Forense, 2007, p. 465).

[219] MELO, José Eduardo Soares de. "O ISS e a Lei Complementar 116 – Conflitos de Competência". In ROCHA, Valdir de Oliveira. *Grandes Questões Atuais do Direito Tributário*. Vol. 8. São Paulo: Dialética, 2004, p. 313.

Em conclusão, embora não sejam grandes as proximidades entre o critério material do ISSQN e o do IOF/Câmbio, a tornar menos complicada sua distinção, há que se ter presente não servirem à incidência do ISSQN as atividade-meio necessárias à consecução das operações de câmbio – estejam ou não previstas na legislação complementar a que refere o art. 156, III, CRFB.

6.2.4. A regra de competência do IOF/Seguros e sua distinção frente à materialidade do ISSQN

Núcleo da terceira materialidade sobre a qual poderá recair o IOF, fundamental se examine o termo "seguro", utilizado pelo constituinte no inciso V do art. 153 da Constituição da República. Cabe analisar, nesse passo, a existência de um "sentido literal" que se possa buscar na comunidade jurídica pré-constitucional.

Clóvis Bevilaqua adotava a definição oriunda do direito holandês:

> (...) é aceitável a definição que deste contrato nos dá o Código holandês, art. 242: "é aquele em que o segurador se obriga, para com o segurado, mediante certo prêmio, a indenizá-lo de uma perda ou da privação de proveito esperado, perda, privação ou dano derivante de acontecimento incerto".[220]

Orlando Gomes ditava que "pelo contrato de seguro uma empresa especializada obriga-se para com uma pessoa, mediante contribuição por esta prometida, a lhe pagar certa quantia, se ocorrer o risco previsto".[221]

Não havendo no "contexto de significado" ou mesmo diante dos princípios constitucionais nada que modifique seu sentido, a expressão "operações de seguro", no que tange à regra de competên-

---

[220] BEVILAQUA, Clóvis. *Direito das Obrigações*. 8ª ed. Rio de Janeiro: Paulo de Azevedo Ltda, 1954, p. 308.

[221] GOMES, Orlando. *Contratos*. 15ª ed. Rio de Janeiro: Forense, 1995, p. 410. Já EDUARDO ESPÍNOLA refere que "contrato de seguro é aquele pelo qual uma pessoa (segurador) se obriga a indenizar a outra (segurado), mediante um prêmio pago por esta, o dano resultante de um sinistro, ou pagar-lhe certa importância no caso de um acontecimento atinente à vida humana" (ESPÍNOLA, Eduardo. *Dos Contratos Nominados no Direito Civil Brasileiro*. Atualizado por Ricardo Rodrigues Gama. Campinas: Bookseller, 2002, p. 641). Preferindo-se as palavras de FABIO ULHOA COELHO *"seguro é o contrato em que uma das partes (a sociedade seguradora) assume, mediante o recebimento do prêmio, a obrigação de pagar à outra (o segurado), ou a terceiro (o beneficiário), uma prestação na hipótese de se verificar determinado evento futuro e incerto (risco)"* (COELHO, Fábio Ulhoa. *Curso de Direito Comercial* vol. 3. São Paulo: Saraiva, 2000, p. 142.).

cia do IOF, corresponde aos negócios jurídicos nos quais alguém se compromete, mediante um pagamento prévio, a indenizar outrem frente à ocorrência de fato futuro e incerto. A obrigação final se refere à entrega de certa quantia (indenização), bem distante do *faccere* que caracteriza o serviço tributável pelo ISSQN.

Novamente, em razão da clara materialidade do imposto federal, que recai sobre obrigações de dar, pouca margem há quanto a eventuais disputas com o ISSQN, que poderiam ocorrer, somente, nas hipóteses em que serviços fossem prestados como atividades-meio à realização das operações de seguro. Nesses casos, como nos demais, tenha ou não previsão na lista anexa à LC 116/03, não poderão os municípios lançar o ISSQN, sob pena de bitributação.

Gabriel Lacerda Troianelli e Juliana Gueiros não discrepam do entendimento aqui defendido:

> Há que se considerar, todavia, que, muito embora possa o legislador complementar prever, genericamente, a tributação de atividades-meio, isso não será juridicamente possível quando, na espécie, a tributação dessa atividade-meio incidir de forma a transgredir competências constitucionalmente estabelecidas. (...) Como se vê, a Constituição Federal outorgou à União, no que se refere às atividades financeiras, a tripla competência de fiscalizar, legislar e tributar. Dentro desse contexto, não podem os Estados e Municípios, sequer indiretamente, tributar operações de crédito, câmbio seguros ou relativas a títulos e valores mobiliários, ainda que, em parte ou etapa dessas operações, haja atividades ou prestações que pudessem ser, caso fossem vistas isoladamente, tributadas pelo ICMS ou pelo ISS.[222]

Portanto, também quanto à tributação das operações de seguro, que compete à União, estarão os municípios impedidos de instituir o ISSQN, sendo-lhes vedada, inclusive, a cobrança do imposto sobre atividades-meio em relação a tais operações – ainda que tais atividades estejam previstas na lista anexa à LC 116/03.

6.2.5. A regra de competência do IOF/Títulos e Valores Mobiliários e sua distinção frente à materialidade do ISSQN

Afora as hipóteses em que recai sobre operações de crédito, câmbio e seguros, o IOF pode ser instituído, também, frente à ocorrência de operações relativas a títulos e valores mobiliários. A

---

[222] TROIANELLI, Gabriel; GUEIROS, Juliana. "O ISS e a Lei Complementar n. 116/03: Aspectos Polêmicos da Lista de Serviços". *In* ROCHA, Valdir de Oliveira (coord). *O ISS e a LC 116*. São Paulo: Dialética, p. 118/119.

construção do conceito constitucional da expressão "títulos e valores mobiliários" não foge à metodologia aplicada ao longo do presente estudo, devendo, também, iniciar pela colheita do "sentido literal" que se extrai dos "usos lingüísticos" da comunidade jurídica.

Celso Ribeiro Bastos, tomando por base a legislação pretérita ao texto constitucional,[223] assim define os títulos e valores mobiliários:

> (...) pode-se dizer que todo título suscetível de negociação em Bolsa de Valores ou em Mercado de Balcão veste o característico de "título mobiliário", e é com essa dimensão que ele vem inscrito na norma padrão de incidência do IOF. Por essa forma, nos termos da Lei 6.385/76, reputam-se valores mobiliários: a) ações; b) partes beneficiárias; c) debêntures; d) cupões de ações, partes beneficiárias e debêntures; e) bônus de subscrição; f) certificados de depósito de valores mobiliários; e g) outros títulos criados ou emitidos pelas sociedades anônimas, a critério do CMN.[224]

"Títulos e valores mobiliários" são, portanto, títulos suscetíveis de negociação na Bolsa de Valores ou em Mercado de Balcão, entre os quais se destacam aqueles cuja natureza mobiliária foi declarada pela redação do art. 2º da Lei nº 6.385/76:[225] as ações, debêntures e os bônus de subscrição, os cupons, direitos, recibos de subscrição e

---

[223] Também baseada nas disposições da Lei 6.385/76, CECÍLIA MARIA MARCONDES HAMATI entende que "na terminologia adotada juridicamente, configuram valores mobiliários, papéis que não são o papel moeda, assim como vêm a ser os bens móveis, excluídos os metais preciosos, da mesma forma que os produtos de modo geral (entendidos os que são gerados ou extraídos)" (HAMATI, Cecília Maria Marcondes. "I.O.F". In MARTINS, Yves Gandra da Silva (coord.) . Caderno de Pesquisas Tributárias: Tema IOF. vol. 16: São Paulo: Resenha Tributária e Centro de Estudos em Extensão Universitária, 1991, p. 237). Para HUGO DE BRITO MACHADO: "Por títulos ou valores mobiliários se há de entender os papéis representativos de bens ou direitos. Podem representar direitos de propriedade de bens, como acontece com os títulos de participação societária, que corporificam parcelas do direito de propriedade sobre o patrimônio social, ou direitos de crédito, como acontece com os papéis relativos a financiamentos" (MACHADO, Hugo de Brito. Comentários ao Código Tributário Nacional: artigos 1º a 95. Vol. I. São Paulo: Atlas, 2003, p. 594).

[224] BASTOS, Celso Ribeiro. "Imposto sobre Operações Financeiras". In MARTINS, Yves Gandra da Silva (coord.) . Caderno de Pesquisas Tributárias: Tema IOF. vol. 16: São Paulo: Resenha Tributária e Centro de Estudos em Extensão Universitária, 1991, p. 110.

[225] O art. 2º da Lei 6.385/76 recebeu nova redação através da Lei 10.303/01, restando assim disposto:
"Art. 2º. São valores mobiliários sujeitos ao regime desta lei: I – as ações, debêntures e bônus de subscrição; II – os cupons, direitos, recibos de subscrição e certificados de desdobramento relativos aos valores mobiliários referidos no inciso II; III – os certificados de depósito de valores mobiliários; IV – as cédulas de debêntures; V – as cotas de fundos de investimento em valores mobiliários ou de clubes de investimento em quaisquer ativos; VI – as notas comerciais; VII – os contratos futuros, de opções e outros derivativos, cujos ativos subjacentes sejam valores mobiliários; VIII – outros contratos derivativos, independentemente dos ativos subjacentes e; IX – quando ofertados publicamente, quaisquer outros títulos ou contratos de investimento coletivo, que gerem direito de participação, de parceria ou de remuneração, inclusive resultante de prestação de serviços, cujos rendimentos advêm do esforço do empreendedor ou de terceiros."

certificados de desdobramento; os certificados de depósito de valores mobiliários; as cédulas de debêntures; as cotas de fundos de investimento em valores mobiliários ou de clubes de investimento em quaisquer ativos; as notas comerciais; os contratos futuros, de opções e outros derivativos, cujos ativos subjacentes sejam valores mobiliários; outros contratos derivativos, independentemente dos ativos subjacentes. Não nos parece que somente pode ser considerado título ou valor mobiliário aquilo que a lei definir como tal, sendo essencial, porém, que se tratem de papéis representativos da titularidade de bens ou direitos negociáveis em Bolsa de Valores ou Mercado de Balcão – embora não haja dúvida de que a indicação legal de que um específico documento representa um título ou valor mobiliário facilite sobremaneira o desvelar de sua natureza jurídica.

Identificado, assim, o sentido literal de que se partirá à construção do conceito constitucional da expressão "operações de títulos e valores mobiliários", necessário confrontá-lo ao contexto de significado e aos princípios jurídicos que se extraem da Carta Constitucional. José Arthur Lima Gonçalves[226] sustenta que a interpretação sistemática traz significativas alterações ao sentido das expressões que formam o núcleo das materialidades do IOF, em especial da expressão "títulos e valores mobiliários". Para o ilustre doutrinador, as exceções às garantias constitucionais da anterioridade (art. 150, § 1º, CRFB) e da legalidade (art. 153, parágrafo único, CRFB) tornam o IOF um "imposto regulatório".[227] Mais do que isso: fazem do IOF

---

[226] GONÇALVES, José Arthur Lima Gonçalves. "Incidência do Imposto sobre Operações de Crédito em Operações de Mútuo Realizadas por Instituições Financeiras". In ROCHA, Valdir de Oliveira. *Grandes Questões Atuais do Direito Tributário*. 3º Volume. São Paulo: Dialética, 1999, p. 169-187.

[227] "Fica ainda mais evidente a restrição do alcance do conteúdo da expressão operações de crédito, na sistemática constitucional, quando se atenta para esta justificativa de que o IOC surge como um dos chamados *impostos regulatórios*, que se prestam a uma instrumentalização de função administrativa de dirigir os rumos da economia, por meio da 'política monetária'. E não é por outra razão, portanto, que o desenvolvimento histórico do regime jurídico do IOC culminou com a atual imposição de restrição à aplicação do princípio constitucional da anterioridade (parágrafo primeiro do artigo 150), assim como, parcial e condicionalmente, ao da estrita legalidade (parágrafo único do artigo 153). As justificativas unanimemente repetidas para estas graves restrições e exceções a tão extraordinariamente relevantes princípios constitucionais estão, sempre, na circunstância de que o IOC, dizendo diretamente com, e instrumentalizando a, política monetária e financeira do País, não poderia subordinar-se aos rigores de tais preceitos, sob pena de comprometimento de sua necessária agilidade, incompatível com as delongas inerentes à democrática discussão pressuposta pelo processo legislativo. Daí sua natureza 'extra fiscal', unanimemente reconhecida pela doutrina e jurisprudência." (GONÇALVES, José Arthur Lima Gonçalves. Op. cit., p. 180).

uma exceção dentro do sistema constitucional tributário, impondo-lhe uma forte vinculação à regulação da política econômica nacional. Tal vinculação expressaria a extrafiscalidade que marca o IOF e alteraria o significado advindo do sentido literal das expressões "crédito" e "títulos e valores mobiliários". Em resumo, entende o respeitado doutrinador que o contexto de significado, ao excepcionar as garantias da legalidade e da anterioridade, reduz o espectro semântico da expressão "títulos e valores mobiliários", limitando-o às hipóteses em que tais títulos e valores afetem "os interesses nacionais".[228]

Embora o respeito que mereça o entendimento acima exposto, dele discordamos, visto que não nos parece possível reduzir o espectro semântico da expressão "títulos e valores mobiliários" como se tanto decorresse das exceções trazidas pelo texto constitucional às normas da anterioridade e da legalidade em matéria tributária. A flexibilidade outorgada pelo constituinte à instituição do IOF em razão de seu caráter extrafiscal, que se vê pelo afastamento das normas da legalidade e anterioridade, não altera o conteúdo semântico das expressões que formam o núcleo de suas materialidades. Por outras palavras: a possibilidade de que as alíquotas do IOF sejam fixadas pelo Poder Executivo e a desnecessidade de observância do princípio da anterioridade nas hipóteses de sua criação ou aumento não alteram o sentido da expressão "títulos e valores mobiliários".

O significado da expressão "títulos e valores mobiliários", portanto, se identifica com o sentido literal advindo dos usos lingüísticos da comunidade jurídica: são os papéis representativos de bens e direitos negociáveis na Bolsa de Valores ou em Mercado de Balcão – a que servem de exemplo os documentos referidos no art. 2º da Lei 6.385/76.

---

[228] "(...) a amplitude que os Ministros pretenderam, de passagem, conferir a 'títulos e valores mobiliários' parece-nos equivocada, pois os mesmos fundamentos aqui desenvolvidos para sustentar que não pode a expressão 'operações de crédito' ser tomada como qualquer operação em que esteja presente a noção privatística de crédito, servirá para recusar a tentativa de sustentar que títulos e valores mobiliários são 'quaisquer instrumentos que consubstanciem direito de crédito', posto que operações há, envolvendo títulos de crédito, que em nada afetam os interesses nacionais, a ponto de sustentar-se serem elas sujeitas a tributo em relação ao qual são aplicáveis restrições extraordinárias a proteções constitucionais relevantíssimas no contexto de nossa Constituição (legalidade e anterioridade tributárias)". (GONÇALVES, José Arthur Lima Gonçalves. Op. Cit., p. 186).

Dessa forma, já tendo sido bem esclarecido o significado do termo "operações",[229] também constante do art. 153, V, da CRFB, entendemos que o IOF/Títulos poderá ser instituído frente à ocorrência de negócios jurídicos (operações) que tenham por objeto papéis representativos de bens ou direitos negociáveis em Bolsa de Valores ou Mercado de Balcão ("títulos e valores mobiliários"), tais como ações, debêntures, partes beneficiárias, etc.

Roberto Quiroga Mosquera, em obra de fôlego, na qual dita que os termos "títulos" e "valores" foram usados como sinônimo no texto do art. 153, V, da CRFB, conclui:

> O imposto relativo a títulos ou valores mobiliários previsto no art. 153, inciso V, da Constituição Federal poderá incidir, desde que exercida a competência tributária por parte da União Federal, sobre negócios jurídicos relativos a investimentos oferecidos ao público, sobre os quais o investidor não tem controle direto, cuja aplicação é feita em dinheiro, bens ou serviço, na expectativa de lucro, não sendo necessária a emissão do título para a materialização da relação obrigacional.[230]

Toda e qualquer operação que tiver por objeto títulos e valores mobiliários, portanto, está fora do espectro de incidência do ISSQN, servindo, quando se tratar de emissão, transmissão, pagamento ou resgate (art. 63, IV, CTN), à incidência do IOF/Títulos. O "contexto de significado" que marca a construção da regra de competência do ISSQN, notadamente a influência exercida pelo chamado "subsistema de regras de competência tributária", como visto, impede que fatos caracterizados como "operações relativas a títulos e valores mobiliários" sejam tributados pelo ISSQN.

Fora isso, as atividades-meio realizadas visando à final consecução de alguma "operação relativa a títulos e valores mobiliários" também não poderão servir à incidência do ISSQN. As mesmas razões que impedem a tributação de atividades-meio pelo ISSQN para os casos em que ocorridas operações de crédito, câmbio e seguros,

---

[229] O Código Tributário Nacional, exercendo função de lei complementar, especifica, em seu art. 63, IV, as quatro operações cuja ocorrência poderá dar ensejo à instituição do IOF/Títulos:
"Art. 63. O imposto, de competência da União, sobre operações de crédito, câmbio e seguro, e sobre operações relativas a títulos e valores mobiliários tem como fato gerador: IV – quanto às operações relativas a títulos e valores mobiliários, a emissão, transmissão, pagamento ou resgate destes, na forma da lei aplicável".

[230] MOSQUERA, Roberto Quiroga. *Tributação no Mercado Financeiro e de Capitais*. São Paulo: Dialética, 1998, p. 117.

também servem no caso da realização de operações relativas a títulos e valores mobiliários.

Na esteira do quanto demonstrado à oportunidade em que se tratava da regra de competência do ISSQN, o conceito de serviço advindo da interpretação do art. 156, III, da CRFB, somente possibilita que o imposto municipal recaia sobre serviços-fim, impedindo, assim, a tributação de atividades-meio.[231]

---

[231] CLÉLIO CHIESA afirma: "Destarte, como as instituições bancárias e financeiras desenvolvem inúmeras atividades, sendo algumas típicas, outras, não, é necessário para o equacionamento do tema que se separem as diversas atividades, pois as típicas, como operações de créditos, de câmbio, de seguros, relativas a títulos e valores mobiliários, o ouro como ativo financeiro ou instrumento cambial e todas as 'atividades-meio' para a consecução das 'atividades-fins' não podem ser submetidas à tributação por meio do ISS, ainda que estejam expressamente contempladas na lista-anexa à Lei Complementar n. 116/2003, eis que são tributadas pelo IOF (art. 153, V, CF/88)" (CHIESA, Clélio. "Inconstitucionalidades da Lei Complementar n. 116/03". In: TORRES, Heleno Taveira (organ.). *ISS na Lei Complementar 116/2003 e na Constituição*. Barueri, SP: Manole, 2004, p. 348).

7. Conflitos entre Municípios e Estados: ISSQN x ICMS

Seguindo a metodologia já referida, cabe examinar, também, as hipóteses em que poderá haver conflito de competência tributária entre Estados (ICMS) e Municípios (ISSQN). Para tanto, indispensável sejam adequadamente construídas as normas de competência de cada um dos impostos.

A regra de competência do ISSQN, já visto, restringe sua instituição e cobrança a hipóteses em que se verificar a ocorrência de prestação de serviço, aqui entendida como a obrigação de fazer (obrigação-fim) realizada em favor de terceiro, que tenha conteúdo econômico, prestada em regime de Direito Privado ou de Direito Administrativo (quando a Administração Pública for a parte contratante), que não se confunda, total ou parcialmente, com o conteúdo semântico das materialidades dispostas nas demais regras de competência tributária (ver item 4.2.4) e esteja prevista na lei complementar a que se refere o art. 156, III, CRFB (ver item 4.3).

Já a regra de competência do ICMS se desdobra,[232] interessando-nos, aqui, àquela relativa às operações de circulação de mercadorias, que se extrai do início do inciso II do art. 155 da CRFB.[233] Vejamos, então, os contornos da aludida norma.

---

[232] "Voltando à interpretação do dispositivo em tela, nota-se que também passou a ser a hipótese tributária do ICMS a prestação de serviços de transporte interestadual, intermunicipal e de comunicações. (...) À primeira vista, portanto, a grande alteração constitucional do ICMS foi a outorga de competência impositiva aos Estados para, por intermédio dele, também tributar a prestação de alguns serviços." (SALOMÃO, Marcelo Viana. *ICMS na Importação*. São Paulo: Atlas, 2000, p. 46/47).

[233] "Art. 155. Compete aos Estados e ao Distrito Federal instituir impostos sobre: II – operações relativas à circulação de mercadorias".

7.1. A regra de competência do ICMS quanto às operações de circulação de mercadorias

Primeiro alerta indispensável a quem pretenda examinar o ICMS: tal imposto abarca mais de uma materialidade. Em outras palavras, a interpretação do art. 155, II, da CRFB, dá origem a mais de uma norma de competência.[234] Podem os Estados, com base na interpretação de tal dispositivo constitucional, tributar as operações de circulação de mercadorias e também os serviços de transporte interestadual, intermunicipal e de comunicações. O tributo cuja materialidade antes se restringia a operações de circulação de mercadorias (ICM), agora engloba, também, a prestação de serviços de transporte interestadual, intermunicipal e de comunicações.[235] Excetuada da competência tributária municipal pela própria Constituição, de forma expressa e inquestionável,[236] não nos interessa, aqui, a tributação dos serviços compreendidos no art. 155, II, da Magna Carta: serviços de transporte interestadual, intermunicipal e de comunicações. Cabe-nos, porém, examinar a incidência do ICMS sobre as operações de circulação de mercadoria , aos fins de bem apartá-la da incidência do ISSQN.

Deveras importante à construção da regra-matriz do ICMS, no que toca às operações de circulação de mercadorias, cabe analisar, de forma individualizada, os vocábulos "operação", "circulação" e "mercadoria".[237]

---

[234] Nada há de estranho no fato de um dispositivo dar origem a mais de uma norma, pois entre texto e norma não há uma correspondência biunívoca. RICCARDO GUASTINI afirma com sabedoria: "La disposizione è dunque l'oggetto dell'interpretazione, la norma è il suo risultato. Orbene, tra la disposizione e la norma – tra l'enunciato ed il significato – è necessário distinguere poiché tra le due cose non si dà corrispondenza biunivoca. È falso, cioè, che ad ogni disposizione corrisponda una, ed una sola norma; como è falso che ad una norma corrisponda una, ed una solo disposizione." (GUASTINI, Riccardo. *Il diritto come linguaggio lezioni*. Seconda Edizione. Torino: G. Giappichelli Editore, 2006, p. 29).

[235] "Além de englobar os impostos únicos federais da Carta de 1967, o ICM acrescentou-se dos serviços de transporte e de comunicações em geral, antes tributados pela União, tornando-se ICM + dois serviços = ICMS." (COELHO, Sacha Calmon Navarro. "ICMS – A Imunidade das Operações Interestaduais com Petróleo e seus Derivados, Combustíveis Líquidos e Gasosos – a Irrelevância na Espécie do Conceito de Consumidor Final". *In* ROCHA, Valdir de Oliveira (coord.). *O ICMS e a LC 87/96*. São Paulo: Dialética, 1996, p. 114).

[236] "Art. 156. Compete aos Municípios instituir impostos sobre: III – serviços de qualquer natureza, não compreendidos no art. 155, II, definidos em lei complementar;".

[237] Não desconsideramos o alerta de MISABEL ABREU MACHADO DERZI, no sentido de que "operação, circulação e mercadorias são conceitos profundamente interligados, complementares e necessários, que não podem ser analisados em separado, sem que o intérprete

Paulo de Barros Carvalho dizia, já à época do antigo ICM, que "o Excelso Texto emprega 'operações' no sentido de atos ou de negócios jurídicos, celebrados entre pessoas que têm a qualidade de consumar os efeitos próprios à circulação de mercadorias".[238] Nenhuma censura ou aprimoramento merece a lição do ilustre tributarista: o vocábulo "operações" deve ser interpretado como sinônimo de negócios ou atos jurídicos.[239]

O signo "circulação", utilizado pelo constituinte ao fim de qualificar as "operações" mencionadas no art. 155, II, CRFB, por sua vez, há de ser compreendido como movimentação da qual resulte transferência, transmissão de domínio.[240] Para Aroldo Gomes de Mattos circulação "é um aspecto dinâmico das 'operações', que designa o processo de movimentação da mercadoria, com mudança da sua titularidade, desde a fonte de produção até o consumidor final".[241] No julgamento do RE 461.968-7/SP, o Plenário do Supremo Tribunal Federal decidiu não incidir ICMS sobre o *leasing* de aeronaves em razão, exatamente, da ausência de circulação de mercadoria, porquanto, naquela hipótese, não ocorria transferência de domínio. Ao

---

se dê conta de suas profundas interligações." (BALEEIRO, Aliomar. atualiz. DERZI, Misabel de Abreu Machado. *Direito Tributário Brasileiro*. 11ª ed. Rio de Janeiro: Forense, 2007, p. 377). Parece-nos, contudo, que devem os vocábulos ser inicialmente analisados de forma apartada. Examinados seus sentidos, devem eles ser conjugados, aos fins de que se extraia, então, o significado da expressão "operação de circulação de mercadorias".

[238] CARVALHO, Paulo de Barros. "A natureza jurídica do ICM". In DÓRIA, Antônio Roberto Sampaio, *et al*. *Textos Selecionados de Direito Tributário: X Curso de Especialização em Direito Tributário – IBET – IDEP –ESAF*. São Paulo: Resenha Tributária e Revista dos Tribunais, 1983, p. 94.

[239] De igual entendimento: MATTOS, Aroldo Gomes de. *ICMS – Comentários à LC 87/96*. São Paulo: Dialética, 1997, p. 27. Para JOSÉ EDUARDO SOARES DE MELLO: "'Operações' configuram o verdadeiro sentido do fato juridicizado, a prática de ato jurídico como a transmissão de um direito (posse ou propriedade)." (MELLO, José Eduardo Soares. *ICMS: Teoria e Prática*. 3ª ed. São Paulo: Dialética, 1998, p. 11).

[240] Discordamos, assim, da antiga lição de ALCIDES JORGE COSTA, proferida à época do ICM: "(...) entendemos por circulação a série de operações que levam as mercadorias da fonte de produção até o consumo final, de acordo com a sua natureza e finalidades, agregando-lhes valor em cada etapa deste percurso. Assim conceituada a circulação, é irrelevante que em seu curso haja ou não transferência de posse ou propriedade. (...) Pode, contudo, haver circulação sem transferência de posse ou de propriedade." (COSTA, Alcides Jorge. *ICM na Constituição e na Lei Complementar*. São Paulo: Resenha Tributária, 1978, p. 86/87). Parece-nos mais apropriada a linha seguida por MARCO AURÉLIO GRECO: "é indispensável a existência de uma operação que acarrete a circulação vista como transferência ou mudança de titularidade no ciclo econômico." (GRECO, Marco Aurélio. "ICMS – Exigência em Relação à Extração do Petróleo". *Revista Dialética de Direito Tributário* n. 100, janeiro de 2004, p. 126).

[241] MATTOS, Aroldo Gomes de. *ICMS – Comentários à LC 87/96*. São Paulo: Dialética, 1997, p. 27.

apresentar os fundamentos de seu voto, o Ministro Eros Grau referiu que "as arrendadoras (= indústria aeronáutica direta ou indiretamente) permanecem, ao final do termo do contrato, proprietárias dos bens transferidos temporariamente ao uso das companhias de navegação aérea" e que "essa circunstância importa em que não se verifique, no caso, circulação de mercadoria, pressuposto da incidência do tributo de que se cuida".[242] Deixou claro, assim, o Plenário da Corte Suprema, que somente haverá circulação, para fins de incidência do ICMS, quando se der a transferência de domínio da mercadoria[243]. No que toca à definição do signo "circulação" para fins de incidência do imposto estadual, cabe acrescentar, ademais, que se trata de circulação jurídica – não, ao invés, mera circulação física.[244] Tem-se, assim, que a circulação (jurídica) contida na regra

---

[242] RE n 461.968/SP, STF, Pleno, Rel. Min. Eros Grau, julgado em 30/05/2007, DJ 24.08.2007, p. 56, RDT 145, 2007, p. 228.

[243] Eis a precisa colocação do MINISTRO JOAQUIM BARBOSA quando do julgamento do RE 461.968-7/SP, ao acompanhar o voto proferido pelo MINISTRO EROS GRAU: "Senhor Presidente, também entendo que a matriz constitucional do ICMS tem como pressuposto a transferência da propriedade, pois essa é a única maneira de se poder interpretar a expressão 'circulação de mercadorias'.". Vale destacar que em tal julgamento o STF reviu seu antigo posicionamento, firmado quando do exame do RE 206.069/SP, no qual havia definido, por maioria de votos, que, mesmo antes da EC 33/01, a incidência do ICMS sobre importações não exigiria à ocorrência de circulação (transferência de propriedade) de mercadorias (bens destinados ao comércio): "RECURSO EXTRAORDINÁRIO. TRIBUTÁRIO. ICMS. ARRENDAMENTO MERCANTIL. LEASING. 1. De acordo com a Constituição de 1988, incide ICMS sobre a entrada de mercadoria importada do exterior. Desnecessária, portanto, a verificação da natureza jurídica do negócio internacional do qual decorre a importação, o qual não se encontra ao alcance do Fisco nacional. 2. O disposto no art. 3º, inciso VIII, da Lei Complementar n. 87/96 aplica-se exclusivamente às operações internas de leasing. 3. Recurso extraordinário conhecido e provido.".(RE 206.069/SP, STF, Pleno, Rel. Minª Ellen Gracie, julgado em 01/09/05, DJU01/09/2006, p. 19). Em seu voto, cujos termos seriam adotados como fundamentos do acórdão prolatado pela Corte Suprema, a MINISTRA ELLEN GRACIE afirmou categoricamente: "Não se pode olvidar que o Constituinte de 1988, a exemplo do que já proclamado na Carta Pretérita, conferiu tratamento especialíssimo à incidência de ICMS sobre itens importados. Com efeito, conquanto remanesça a circulação econômica como hipótese de incidência genérica do imposto, o legislador constitucional determinou a incidência específica do tributo sobre a entrada da mercadoria ou bem importados do exterior. (...) O exame desse dispositivo revela que, nessa circunstância, a imposição de ICMS prescinde da verificação da natureza do negócio jurídico ensejador da importação. A Constituição Federal elegeu o elemento fático "entrada de mercadoria importada" como caracterizador da circulação jurídica da mercadoria ou do bem, e dispensou indagações acerca dos contornos do negócio jurídico realizado no exterior".

[244] GERALDO ATALIBA afirmava de forma categórica: "'circulação', tal como constitucionalmente estabelecido (art. 155, I, 'b') há de ser jurídica, vale dizer, aquela na qual ocorre a efetiva transmissão dos direitos de disposição sobre a mercadoria" (ATALIBA, Geraldo. "ICMS – Incorporação ao Ativo Fixo – Empresa que loca ou oferece em 'leasing' seus produtos – Descabimento do ICMS". *Revista de Direito Tributário* n. 52, Ano 14, abril- junho de 1990, p. 77). Para SACHA CALMON NAVARRO COELHO: "a mera e estrita saída física de mercadorias não

de competência do ICMS deve ser entendida como a transferência de domínio[245] que envolva, necessariamente, uma obrigação de dar. Não há como transferir o domínio de uma coisa móvel sem dar-lhe a outrem.[246]

Derradeiro vocábulo a compor a expressão que dá origem ao critério material do ICMS ("operações de circulação de mercadorias"), cabe, agora, examinar o significado da palavra "mercadoria".[247] Caminhando os mesmos passos traçados no presente estudo (item 2.1), a respeito da necessidade de adoção do "sentido literal" utilizado pela comunidade jurídica, como marco-inicial do trabalho hermenêutico de quem pretenda interpretar o texto constitucional, Aroldo Gomes de Mattos refere, em lição relativa à Constituição de 1967, que "eram mercadorias, para efeitos de incidência do ICM, conforme construção doutrinária do direito comercial, os bens móveis objeto da atividade empresarial", explicitando, ainda, que estava a referir os bens "produzidos ou adquiridos habitualmente com a finalidade de revenda e de lucro"[248] – com o que estamos de pleno acordo. Em

---

caracteriza o fato jurígeno do ICMS, necessárias a circulação econômica e, primordialmente, a jurídica, que se perfazem somente quando ocorre a alteração na titularidade da mercadoria ou serviço." (COELHO, Sacha Calmon Navarro. *Curso de Direito Tributário Brasileiro*. 9ª ed. Rio de Janeiro: Forense, 2008, p. 537).

[245] "IMPOSTO SOBRE CIRCULAÇÃO DE MERCADORIAS – DESLOCAMENTO DE COISAS – INCIDÊNCIA – ARTIGO 23, INCISO II DA CONSTITUIÇÃO FEDERAL ANTERIOR. O simples deslocamento de coisas de um estabelecimento para outro, sem transferência de propriedade, não gera direito à cobrança de ICM. O emprego da expressão 'operações', bem como a designação do imposto, no que consagrado o vocábulo 'mercadoria', são conducentes à premissa de que deve haver o envolvimento de ato mercantil e este não ocorre quando o produtor simplesmente movimenta frangos, de um estabelecimento a outro, para simples pesagem." (AI AgRg 131.941/SP, STF, 2ª Turma, Rel. Min. Marco Aurélio, julgado em 09/04/1991, DJU 19/04/1991, p. 932).

[246] Segundo afirma JOSÉ EDUARDO SOARES DE MELLO "a tributação estadual incide, grava, materializa uma obrigação de dar um bem (mercadoria ou energia elétrica)" (MELLO, José Eduardo Soares de. "Construção Civil – ISS e ICMS?". *Revista de Direito Tributário* n. 69, p. 255).

[247] ROQUE ANTONIO CARRAZZA afirma que "para que um bem móvel seja havido por mercadoria é mister que ele tenha por finalidade a venda ou revenda" e que "a qualidade distintiva entre bem móvel (gênero) e mercadoria (espécie) é extrínseca, consubstanciando-se no propósito de destinação comercial" (CARRAZZA, Roque Antônio. *ICMS*. 9ª ed. São Paulo: Malheiros, 2003, p. 41). De igual teor é a lição de HUGO DE BRITO MACHADO, para quem "o que caracteriza uma coisa como mercadoria é a destinação. Mercadorias são aquelas coisas móveis destinadas ao comércio. São coisas adquiridas pelos empresários para revenda, no estado que as adquiriu, ou transformadas, e ainda aquelas produzidas para venda. Não são mercadorias as coisas que o empresário adquire para uso ou consumo próprio" (MACHADO, Hugo de Brito. *Aspectos fundamentais do ICMS*. São Paulo: Dialética, 1997, p. 29).

[248] MATTOS, Aroldo Gomes de. *ICMS – Comentários à LC 87/96*. São Paulo: Dialética, 1997, p. 28.

seqüência, porém, o respeitado doutrinador anuncia que a interpretação da CRFB de 1988 possibilitaria, à época, a construção de um novo sentido ao signo "mercadoria", agora equivalente ao significado de "bem". Para Aroldo Gomes de Mattos, a partir da inserção do texto do art. 155, § 2º, inc. IX, letra *a*, na Constituição de 1988, no qual constava que o ICMS incidiria sobre "a entrada de mercadoria importada do exterior, ainda quando se tratar de bem destinado a consumo ou ativo fixo do estabelecimento", teria ficado claro que os significados de "mercadoria" e "bem" se confundiriam.[249] Não nos parece, contudo, que estivesse correto tal posicionamento. Ao invés, perfilhamos o entendimento sufragado pelo STF, que ao interpretar o art. 155, § 2º, IX, *a*, da Constituição da República de 1988, manteve a diferença conceitual existente entre mercadoria e bem.[250] O Ministro Maurício Correa, ao proferir o voto-condutor do RE 203.075-9/DF, contrariando o voto do Ministro Relator Ilmar Galvão,[251] deixou claro que "à expressão mercadoria é atribuída a designação genérica de coisa móvel que possa ser objeto de comércio por quem exerce mercancia com freqüência e habitualidade" e que "o imposto não é devido pela pessoa física que importou o bem, visto que não exerce atos de comércio de forma constante nem possui 'estabelecimento destinatário da mercadoria'". Por tais fundamentos, o Plenário do STF julgou inconstitucional a cobrança de ICMS, forte no dispositivo aqui debatido, nas hipóteses de importação de bem por quem não era comerciante – solução mais consentânea com a exegese do texto constitucional, que parte do sentido literal do signo "mercadoria", extraído das antigas lições de Direito Comercial.

Fundamental alertar que o posicionamento ora defendido, relativo à construção de sentido do vocábulo "mercadoria", não impede a tributação, pelo ICMS, de fatos outros, que não envolvam operações de circulação de mercadorias. Como visto, o ICMS apresenta

---

[249] "Está claro, pois, que o bem destinado a consumo ou ativo fixo é mercadoria, perdendo, assim, relevância o 'intuito de revenda e de lucro', que era questão fundamental para diferençá-los" (MATTOS, Aroldo Gomes de. *ICMS – Comentários à LC 87/96*. São Paulo: Dialética, 1997, p. 29).

[250] RE 203.075-9/DF, STF, Pleno, Rel. Min. Ilmar Galvão, julgado em 05/08/1998, por maioria, DJU 29/10/1999, p. 18.

[251] O MINISTRO ILMAR GALVÃO restou vencido quando do julgamento do RE 203.075-9/DF, ao afirmar que a alínea 'a' do inciso IX do § 2º do art. 155 da Magna Carta "ampliou o campo de incidência do tributo (...) para abranger toda entrada de mercadoria importada do exterior, ainda quando se tratar de bem destinado a consumo."

mais de uma materialidade (ex: incide sobre operações de circulação de mercadorias; incide sobre a prestação de serviço de transporte intermunicipal e interestadual; incide sobre a prestação de serviço de comunicações), algumas das quais não guardam qualquer vinculação à ocorrência de circulação de mercadorias. Visando exatamente superar o entendimento jurisprudencial acima reproduzido, fixado na diferença conceitual que há entre "bem" e "mercadoria", o constituinte derivado lançou a Emenda Constitucional nº 33/01, por via da qual alterou a redação do art. 155, § 2º, IX, *a*, da Constituição, ditando, agora, que o ICMS será devido pela "entrada de bem ou mercadoria importados do exterior por pessoa física ou jurídica". Longe de infirmar o entendimento aqui defendido, a alteração constitucional parece ter resultado da conclusão de que realmente "bem" e "mercadoria" não se confundem, pois a mercadoria tem sempre a finalidade de revenda e lucro.[252] Patente tal diferença, interessado na tributação das importações sem qualquer limitação advinda do destinado a ser dado ao objeto importado e desconsiderando eventual conflito que se dê em face da materialidade do imposto de importação (art. 153, I, CRFB), o constituinte derivado, através da EC 33/01, parece ter criado nova hipótese de incidência para o ICMS, por via da qual são tributadas não apenas as importações de mercadorias como também as importações de quaisquer outros bens. Fora os casos de importação e os de prestação de serviços de transporte interestadual, intermunicipal e de comunicações, contudo, o ICMS continua restrito à verificação de fatos que se enquadrem no conceito de "operações de circulação de mercadorias".

Em conclusão a respeito do ICMS incidente sobre operações de circulação de mercadorias, entendemos que sua materialidade está adstrita à verificação da ocorrência de negócios jurídicos ou atos jurídicos realizados com a finalidade de lucro, dos quais decorra alteração da titularidade sobre o domínio de coisa móvel, por quem pratique atos de mercancia com freqüência e habitualidade.[253]

---

[252] Para VICTOR NUNES LEAL mercadoria é "coisa adquirida com intuito de revenda, no processo de circulação econômica" (LEAL, Victor Nunes. "Incidência do ISS com Exclusão do ICM nos Serviços de Concretagem por Empreitada". *Revista de Direito Tributário* n. 7/8, Ano 3, janeiro-julho de 1979, p. 34).

[253] Segundo GERALDO ATALIBA, a materialidade do ICMS relativamente às operações de circulação de mercadorias consiste na: "a) prática (não por qualquer um); b) por quem exerce atividade mercantil; c) de operação jurídica (não qualquer uma); d) mercantil (regida pelo direito comercial); e) que (cuja operação) importa, impele, causa, provoca e desencadeia; f) circulação

7.2. As possíveis convergências entre as materialidades do ICMS e do ISSQN

Pode-se dizer, em linhas gerais, que o ISSQN incide sobre obrigações de fazer e o ICMS relativo a operações de circulação de mercadorias sobre obrigações de dar. Há casos em que é evidente a ocorrência exclusiva de uma obrigação de fazer tributável pelo ISSQN; outros em que é nítida a realização de simples obrigação de dar tributável pelo ICMS. Numa ou noutra hipótese, esta-se diante de *easy cases*,[254] nos quais o aplicador não tem grandes dificuldades na eleição da norma aplicável. Há, contudo, fatos complexos, que abarcam tanto obrigações de dar como também obrigações de fazer. Tais casos (*hard cases*)[255] demandam especial atenção à correta escolha da norma aplicável: regra de competência do ISSQN ou regra de competência do ICMS.

(juridicamente entendida como modificação de titularidade, transferência de mão, relevante para o direito privado); g) de mercadoria (juridicamente entendida como objeto de mercancia)." (ATALIBA, Geraldo. *Hipótese de incidência tributária*. 6ª ed. São Paulo: Malheiros, 2002, p. 144). MISABEL ABREU MACHADO DERZI refere: "Não interessa para a delimitação da hipótese tributária nem a operação que seja inábil à transferência de domínio (como a locação, comodato, arrendamento mercantil, consignação mercantil, etc.), nem tampouco o contrato de compra e venda em si, isoladamente, que embora perfeito, não transfere o domínio, quer no Direito Civil, quer no Direito Comercial, sem a tradição; assim, a circulação de mercadoria é conceito complementar importante, porque representa a tradição da coisa móvel, execução de um contrato mercantil, translativo, movimentação que faz a transferência do domínio e configura circulação jurídica, marcada pelo animus de alterar a titularidade." (DERZI, Misabel Abreu Machado. NOTAS. *In* BALEEIRO, Aliomar. *Direito Tributário Brasileiro*. 11ª ed. Rio de Janeiro: Forense, 2007, p. 377).

[254] Eis a consagrada lição de *easy cases* proposta por FREDERICK SCHAUER: "one in which a clearly applicable rule noncontroversially generates an answer to the question at hand, and one in which the answer so generated is consistent both with the purpose behind the rule and with the social, political, and moral climate in which the question is answered." (SCHAUER, Frederick. "Easy Cases". *In* GARVEY, John H.; ALEINIKOFF, T. Alexander. *Modern Constitucional Theory: a Reader*. Fourth Edition. St. Paul, Minn., 1999, p. 121).

[255] "A 'hard' case, on the other hand, 'presents a moral dilemma, or at least a difficult moral determination' (Morawetz, 1980, 90). The decision does not follow from a legal rule and a description of the facts (cf. Dworkin, 1977, 81). However, it follows from na expanded set of premisses containing, inter alia, a value statement, a norm or another statement the decision-maker assumes but cannot easily prove". (PECZENICK, Alexander. *On law and reason*. Dordrecht: Kluwer, 1989, p. 19). Para NEIL MAcCORMICK: "(...) it has been assumed without much argument that there is a relatively simple disjunction as between clear cases and hard cases. In the former, justification of decisions can be achieved by simple deduction from clear established rules. In the later, since we face problems of 'interpretation' of 'classification' or 'relevancy', we have to have recourse to second order justification" (MAcCORMICK, Neil. *Legal reasoning and legal theory*. Oxford: Claredon, 2003, p. 197).

Voltando os olhos às possibilidades fáticas, verifica-se que podem ocorrer:[256]

a) serviços puros: que representam obrigações de fazer, previstas na lei complementar referida pelo art. 156, III, CRFB;

b) serviços puros: que representam obrigações de fazer NÃO previstas na lei complementar referida pelo art. 156, III, CRFB;

c) operações de circulação de mercadoria: que espelham, tão-somente, obrigações de dar;

d) "operações mistas": que envolvem obrigações de dar e obrigações de fazer NÃO previstas na lei complementar de que trata o art. 156, III, CRFB (LC 116/03);

e) "operações mistas": que envolvem obrigações de dar e obrigações de fazer previstas na lei complementar de que trata o art. 156, III, CRFB (LC 116/03).

Desnecessário qualquer esforço para concluir que os fatos referidos no item *a)* servem à incidência do ISSQN; os relativos à descrição apresentada no item *b)* estão fora da materialidade de qualquer dos dois tributos e os do *c)* se prestam à incidência do ICMS. Nem tão fácil, entretanto, mostra-se a definição quanto à tributação que deve recair sobre os fatos descritos nas alíneas *d)* ("operações mistas" que envolvam atividades NÃO listadas na legislação complementar referida pelo art. 156, III, CRFB) e *e)* ("operações mistas" que envolvam obrigações de dar e de obrigações de fazer listadas na legislação complementar referida pelo art. 156, III, CRFB).

> *7.2.1. A tributação das "operações mistas" compostas por operações de circulação de mercadorias (obrigações de dar) e também por serviços (obrigações de fazer) NÃO previstos na lista anexa à lei complementar de que trata o art. 156, III, CRFB*

No caso em que as "operações mistas" forem compostas de obrigações de dar e também de obrigações de fazer que NÃO se

---

[256] AIRES F. BARRETO apresenta interessante classificação dos serviços: "Os serviços podem ser classificados segundo os meios, condições e modos de sua prestação, na seguinte conformidade: *a)* serviços puros; *b)* serviços com emprego de instrumentos; *c)* serviços com aplicação de materiais; e *d)* serviços com emprego de instrumentos e aplicação de materiais." (BARRETO, Aires F. *ISS na Constituição e na Lei*. 2ª ed. São Paulo, Dialética, 2005, p. 45).

enquadrem nos itens da lista anexa à legislação complementar do ISSQN (LC 116/03), fica evidente a não-incidência do imposto municipal. Consoante já afirmado, o ISSQN somente poderá incidir sobre fatos que (i) se enquadrem no conceito constitucional de serviço e (ii) correspondam a alguma das generalizações dispostas na lista anexa à legislação complementar. Resta examinar, porém, se tais "operações mistas" poderão servir à incidência do ICMS. A Constituição da República estabelece, em seu art. 155, § 2º, IX, *b*, que o ICMS incidirá "sobre o valor total da operação quando mercadorias forem fornecidas com serviços não compreendidos na competência tributária dos Municípios". Por outro giro: "operações mistas", que envolvam obrigações de dar e obrigações de fazer, não sendo as últimas passíveis de enquadramento em qualquer das descrições dispostas na legislação complementar do ISSQN, poderão ser tributadas pelo ICMS, que terá como base de cálculo o valor total da operação.[257] A Constituição da República não só estabeleceu que sobre tais casos incidirá o ICMS como ditou que sua base de cálculo deverá englobar o valor total da operação. O Supremo Tribunal Federal já enfrentou por diversas vezes tal tema, merecendo destaque os casos em que o Emérito Sodalício se debruçou sobre a tributação dos bares e restaurantes. Necessário registrar que a discussão quanto à competência para a tributação das refeições servidas em bares e restaurantes é pretérita à promulgação da Carta Constitucional de 1988, cujo texto, acima replicado (art. 155, § 2º, IX, *b*), ofereceu diversa solução frente àquela firmada à época da Constituição de 1969 – na qual não havia dispositivo específico a respeito do tema. Interessa-nos, portanto, a solução jurídica ofertada com base no art. 155, § 2º, IX, *b*, da CRFB.

Ao julgar o RE 160.007-1/SP, já frente à CRFB de 1988, o Tribunal Pleno do STF definiu que a operação de fornecimento de refeições e bebidas por bares e restaurantes está sujeita ao ICMS e não ao ISSQN. Partindo do exame do art. 155, § 2º, IX, *b*, da CRFB, e assumindo como premissa o fato de que a competência tributária dos municípios para a instituição do ISSQN está adstrita às hipóteses previstas em lei complementar, o STF resolveu a querela com base na delimitação constitucional das regras de competência. Memoráveis as palavras lançadas pelo Ministro Néri da Silveira:

---

[257] REsp 881.035, STJ, 1ª Turma, Rel. Min. Teori Albino Zavascki, julgado em 06/03/2008, v.u, DJU 26/03/2008.

O art. 155, I, *b*, dispõe sobre serviços de transporte interestadual, intermunicipal e de comunicação. Ora, não é desses serviços, em hipótese alguma, que cuida a letra *b*, do inciso IX do § 2º do art. 155, da Constituição, pois não cabe admitir que, nessa previsão de incidência sobre o valor total da operação, quando mercadorias forem fornecidas com serviços, a Constituição estivesse se referindo aos serviços de transportes interestadual, intermunicipal e de comunicação. Tal disposição (art. 155, § 2º, IX, *b*) é autônoma em relação à do art. 155, I, *b*, da Constituição; regula, precisamente, as hipóteses em que mercadorias e serviços compõem uma operação mista, assim como sucede nos restaurantes e bares, no instante em que a mercadoria é fornecida aos fregueses e por estes consumida no próprio estabelecimento, que lhes presta, desse modo, também, serviços. O fornecimento da mercadoria não se dá sem a simultânea prestação do serviço. Ora, entendo que é exatamente para essa hipótese que a alínea *b* do inciso IX do § 2º do art. 155 da Lei Maior esta a dispor. A Constituição anterior não tinha regra alguma no particular, e longa era a discussão sobre a incidência do ICM nesses casos. Compreendo esse dispositivo como uma forma de solver, precisamente, tais hipóteses de operação mista que, no regime anterior, se apresentavam como objeto de larga polêmica.[258]

No mesmo sentido e talvez de forma ainda mais didática já havia se pronunciado a 1ª Turma do STF à oportunidade em que julgado o RE 144.795-8,[259] sendo digno de transcrição trecho do voto-condutor então proferido pelo Ministro Ilmar Galvão:

Com efeito, a Constituição Federal, no art. 155, I, *b*, reservou à competência dos Estados a instituição de imposto sobre operações relativas à circulação de mercadorias e sobre a prestação de serviços de transporte interestadual e intermunicipal e de comunicação (ICMS), explicitando, ainda, no § 2º, inciso IX, alínea *b*, do mesmo dispositivo, que o referido tributo "incidirá também: (...) sobre o valor total da operação, quando mercadorias forem fornecidas com serviços não compreendidos na competência tributária dos Municípios".

De outra parte, no art. 156, IV, reservou à competência dos Municípios a instituição de imposto sobre serviços de qualquer natureza (ISS), não compreendidos no art. 155, *b*, definidos em lei complementar.

Entre os textos mencionados, contrariamente ao sustentado pelo recorrente, não há antinomia. Os primeiros, com efeito, delimitam o campo de incidência do ICMS: operações relativas à circulação de mercadorias, como tal consideradas aquelas em que mercadorias forem fornecidas com serviços não compreendidos na compe-

---

[258] RE 160.007, STF, Pleno, Rel. Min. Marco Aurélio, julgado em 20.10.1994, por maioria, DJU 20/04/2001, p. 137. Reforçando as palavras do MINISTRO NÉRI DA SILVEIRA, que acompanhava o MINISTRO-RELATOR MARCO AURÉLIO, assim se pronunciou, na oportunidade, o MINISTRO MOREIRA ALVES: "No meu entender, Sr. Presidente, o preceito do inciso IX, letra 'b' do § 2º do art. 155 foi colocado na atual Constituição exatamente para terminar com a controvérsia sobre as operações mistas.".

[259] RE 144.795-8/SP, STF, 1ª Turma, Rel. Min. Ilmar Galvão, julgado em 19.10.1993, v.u, DJU 12.11.1993, p. 24.023.

tência tributária dos Municípios (caso em que o tributo incidirá sobre o valor total da operação). O último, de sua vez, delineia a área do ISS: serviços de qualquer natureza (não compreendidos no art. 155, I, b, isto é, serviços de transporte interestadual e intermunicipal e de comunicação), definidos em lei complementar.

Dessume-se, pois, das normas sob apreciação, que o ISS incidirá tão-somente sobre serviços de qualquer natureza que estejam relacionados em lei complementar, ao passo que o ICMS, além dos serviços de transporte, interestadual e intermunicipal e de comunicação, terá por objeto operações relativas à circulação de mercadorias, ainda que as mercadorias sejam acompanhadas de prestação de serviços, salvo quando esteja relacionado em lei complementar, como sujeito a ISS.

Trata-se, como se vê, de normas que convivem em perfeita harmonia, não havendo a menor dificuldade em sua interpretação.

Ficou assentado, assim, que as "operações mistas" nas quais houver circulação de mercadorias e prestação de serviços, quando tal prestação NÃO estiver listada na legislação complementar de que trata o art. 156, III, da CRFB, possibilitarão aos Estados, através das respectivas Casas Legislativas, instituir a cobrança de ICMS, que terá como base de cálculo o valor total da operação.

Portanto, na linha do entendimento acolhido pela Suprema Corte e pelo STJ, "operações mistas", nas quais englobadas operações de circulação de mercadorias e também serviços, quando estes últimos não forem tributáveis pelo ISSQN (por não se enquadrarem em qualquer dos itens da lista anexa à legislação complementar), são tributáveis pelo ICMS.

7.2.2. A tributação das "operações mistas", compostas por operações de circulação de mercadorias (obrigação de dar) e também por atividades que se enquadrem no conceito constitucional de serviço e estejam previstas na lista anexa à lei complementar de que trata o art. 156, III, CRFB

Resta examinar, por fim, as hipóteses de "operações mistas" que envolvam circulação de mercadorias e serviços listados na legislação complementar a que alude o art. 156, III, da CRFB: serão tais casos tributados só pelo ISSQN, pelo ICMS ou por ambos os impostos?

Na linha do quanto já referido, ficam desde logo afastadas a possibilidade de cisão do fato jurídico e também a possibilidade de que sirva ele à incidência de mais de um imposto, o que impede se cogite de dupla incidência, tanto do ICMS, como do ISSQN. A rígida distribuição das competências tributárias pela Constituição da República, em especial na parte relativa aos impostos, que adota como critério de repartição a atribuição de recortes factuais (materialidades) à autonomia tributária de cada categoria de entes políticos, não permite que um mesmo fato sirva à incidência de mais de um imposto.

Pouco interessa, assim, que o fato jurídico examinado seja formado pela conjunção de eventos (fatos sociais) que apartados poderiam servir de suporte fático à incidência do ICMS (obrigação de dar) e à do ISSQN (obrigação de fazer). O exame do enquadramento do evento relativo à obrigação de fazer que compõe a "operação mista" (fato jurídico cuja tributação se examina) importa tão-somente aos fins de verificar a aplicação da norma disposta no art. 155, § 2º, IX, *b*, da Constituição da República. Não sendo possível enquadrar tal fato social como serviço tributável pelo ISSQN, forte no artigo constitucional referido, por escapar ele das generalizações dispostas nos itens da lista anexa à lei complementar de que trata o art. 156, III, CRFB, incidirá o ICMS – tudo consoante demonstrado no tópico anterior.

Verificado, no entanto, que o evento (fato social) relativo à obrigação de fazer se enquadra em alguma das muitas descrições fixadas na lista anexa à legislação complementar referida no art. 156, III, CRFB (LC 116/03), não deverá ser aplicada a norma advinda do art. 155, § 2º, IX, *b*, da Constituição. *Disso não se extrai, contudo, que incidirá o ISSQN sobre o fato jurídico composto pela soma das obrigações de dar e de fazer – tampouco afasta a possibilidade de incidir o ICMS com base no art. 155, II, da Constituição da República.*

Nesse caso, a primeira preocupação do intérprete deverá ser com relação à constitucionalidade da generalização disposta na lei complementar, na qual se enquadra o fato social "obrigação de fazer" que compõe o fato jurídico "operação mista". Se tal previsão for inconstitucional, por desbordar do conceito de serviço advindo da Carta da República, falecerá à obrigação de fazer o pressuposto constitucional para a incidência do ISSQN, o que remeterá a solução, novamente, ao art. 155, § 2º, IX, *b*, da CRFB. Em outras palavras, se a obrigação de fazer que compõe o fato jurídico "operação mista" não se enquadrar no conceito constitucional de serviço, tal obrigação de fazer não será tributável pelos municípios, o que fará com que incida o ICMS sobre a "operação mista", forte no art. 155, § 2º, IX, *b*, da CRFB. Os serviços "compreendidos na competência dos municípios", conforme já destacado, são aqueles que se compaginam ao conceito constitucional de serviço e que estão previstos na lista anexa à lei complementar a que se refere o art. 156, III, CRFB.

Deve o intérprete, portanto, se assegurar que a previsão da lei complementar não escapa aos limites advindos do conceito constitucional de serviço. Não raro o legislador ultrapassa sua própria competência e arrola na lei complementar generalizações (descrições de fatos) que não se enquadram no conceito constitucional de serviço, tornando inconstitucional a previsão legal. A indicação da locação de bens móveis no item 3.01 da lista anexa à LC nº 116/03 serve de bom exemplo. Embora o Supremo Tribunal Federal já tivesse declarado a inconstitucionalidade da pretendida incidência do ISSQN sobre as locações de bens móveis (RE 116.121/SP),[260] o legislador complementar insistiu em mantê-la no rol disposto em sua lista anexa. Foi preciso o veto presidencial para que tal atividade, que não se amolda ao conceito constitucional de serviço, conforme já havia decidido o Supremo Tribunal Federal, fosse retirada do agrupamento de serviços tributáveis pelos municípios. Tivesse permanecido tal generalização na lei complementar, seria ela inconstitucional, por falta de enquadramento na materialidade advinda do art. 156, III, da CRFB.

Evidenciada a constitucionalidade da abstração legal (generalização) disposta na lista-anexa à lei complementar, caberá ao intérprete enfrentar o grave problema da caracterização jurídica das "operações mistas" compostas da soma de obrigações de dar e de fazer: sendo incindíveis, em qual materialidade se enquadram? Restam, a partir daqui, duas possibilidades: *a)* concluir que o fato jurídico "operações mistas" não se encaixa em qualquer das materialidades e não poderá ser tributado; ou *b)* num primeiro momento

---

[260] "TRIBUTO. FIGURINO CONSTITUCIONAL. A supremacia da Carta Federal é conducente a glosar-se a cobrança de tributo discrepante daqueles nela previstos. IMPOSTO SOBRE SERVIÇOS. CONTRATO DE LOCAÇÃO. A terminologia constitucional do Imposto sobre Serviços revela o objeto da tributação. Conflita com a Lei Maior dispositivo que imponha o tributo considerado contrato de locação de bem móvel. Em Direito, os institutos, as expressões e os vocábulos têm sentido próprio, descabendo confundir a locação de serviços com a de móveis, práticas diversas regidas pelo Código Civil, cujas definições são de observância inafastável – artigo 110 do Código Tributário Nacional." (RE-116.121/SP, STF, Tribunal Pleno, Rel. Min. Octávio Gallotti, julgado em 11/10/2000, por maioria., DJ 25/05/01, p. 17).

admitir possível encaixá-lo em mais de uma materialidade, caso em que deverá ser construída uma teoria a respeito de qual regra de competência haverá de ser aplicada.[261]

As materialidades dos impostos são criadas a partir da conjunção de um verbo e de um complemento (Paulo de Barros Carvalho).[262] Da união do verbo e de seu(s) complemento(s) nascem expressões ("auferir renda ou proventos de qualquer natureza", "ser proprietário de imóvel urbano", "prestar serviços de qualquer natureza, definidos em lei complementar", etc.), que formam o núcleo da materialidade dos impostos. Os significados de tais expressões (conceitos constitucionais), construídos pela interpretação realizada na linha prenunciada por Karl Larenz, estabelecem características e propriedades que deverão constar dos fatos tributados. Exercem função seletora, nas palavras de Misabel Abreu Machado Derzi:

> O conceito secciona, seleciona. Quanto maior for a abstração, tanto mais abrangente será o conceito, porque abrigará um maior número de objetos e, em contrapartida, tanto mais vazio será de conteúdo e significação.[263]

Na mesma linha leciona Paulo de Barros Carvalho:

---

[261] NEIL MAcCORMICK chama tal procedimento, relativo à escolha da norma jurídica a ser aplicada, de "justificação de segunda-ordem": "Second-order justification must therefore involve justifying choices; choices between rival possible rulings. And these are choices to be made within the specific context of a functioning legal system; that context imposes some obvious constraints on the process" (MAcCORMICK, Neil. *Legal reasoning and legal theory*. Oxford: Claredon, 2003, p. 101). ALEXANDER PECZENICK, por sua vez, deixa claro que a escolha entre duas normas aplicáveis requer um juízo de valor por parte do aplicador: "Moreover, value judgments may affect the choice of one of many legal norms, applicable to the case to be decide (cf. Frändberg 1984, 84 ff). In other words, one must make a choice of one of many possible subsumptions" (PECZENICK, Alexander. *On law and reason*. Dordrecht: Kluwer, 1989, p. 27).

[262] "Dessa abstração emerge o encontro de expressões genéricas designativas de comportamentos de pessoas, sejam aqueles que encerram um fazer, um dar ou simplesmente um ser (estado). Teremos, por exemplo, 'vender mercadorias', 'industrializar produtos', 'ser proprietário de bem imóvel', 'auferir rendas', 'pavimentar ruas' etc. Esse núcleo, ao qual nos referimos, será formado, invariavelmente, por um verbo, seguido de seu complemento. Daí porque aludirmos a comportamento humano, tomada a expressão na plenitude de sua força significativa, equivale a dizer, abrangendo não só as atividades refletidas (verbos que exprimem ação) como aquelas espontâneas (verbos de estado: ser, estar, permanecer etc.)." (CARVALHO, Paulo de Barros. *Teoria da norma tributária*. São Paulo: Max Limonad, 2002, p. 124/125).

[263] DERZI, Misabel Abreu Machado. NOTAS. *In* BALEEIRO, Aliomar. *Limitações constitucionais ao poder de tributar*. 7ª ed. Rio de Janeiro: Forense, 2006, p. 41.

Sendo os enunciados normativos seletores de propriedades, neles estabelece o legislador (sentido amplo) quais os aspectos do suporte físico que ingressam e quais os que não ingressam (ficando irrelevantes) nos domínios do direito.[264]

Fatos que não contenham as propriedades extraídas dos conceitos constitucionais não se enquadram na materialidade dos impostos. Fatos que as contenham, se enquadram – mesmo que apresentem traços outros não exigidos à caracterização do critério material da hipótese de incidência tributária. Dessa forma, haverá fatos que estarão fora do campo de incidência dos impostos, por não apresentarem as propriedades selecionadas por qualquer das materialidades construídas a partir do texto constitucional. Haverá, outrossim, fatos que contenham as propriedades selecionadas por mais de uma dentre as diversas materialidades de impostos surgidas pela (adequada) interpretação da Carta Constitucional – ao menos até que definida a finalidade e o grau de particularização com que realizados. Nesse último caso, em que, *a priori*, o fato jurídico se enquadra em mais de uma materialidade, deverá o intérprete escolher qual regra deverá ser aplicada e em conseqüência qual imposto incidirá.

Tal escolha tem de ocorrer à luz do postulado da razoabilidade,[265] que "atua na interpretação dos fatos descritos em regras jurídicas".[266] Pela razoabilidade, o intérprete, frente à excepcionalidade de tais fatos jurídicos, que num primeiro exame se enquadram em mais de uma materialidade, excluirá a aplicação de uma regra de competência em detrimento de outra. A razoabilidade servirá a iluminar a interpretação do fato jurídico, possibilitando o descarte de uma dentre as regras de competência tributária em disputa. Bem entenda-se, porém, que tal escolha, frente ao postulado da razoabi-

---

[264] CARVALHO, Paulo de Barros. "IPI – Comentários sobre as Regras Gerais de Interpretação da Tabela NBM/SH (TIPI/TAB)". *Revista Dialética de Direito Tributário* nº 12, setembro de 1996, p. 47.

[265] Extremando-os dos princípios, por serem normas sobre a aplicação de outras normas (metanormas), HUMBERTO ÁVILA assim conceitua os postulados: "Os postulados normativos são normas imediatamente metódicas, que estruturam a interpretação e aplicação de princípios e regras mediante a exigência, mais ou menos específica, de relações entre elementos com base em critérios". Especificamente a respeito do postulado da razoabilidade, complementa: "A razoabilidade somente é aplicável em situações em que se manifeste um conflito entre o geral e o individual, entre a norma e a realidade por ela regulada, e entre um critério e uma medida." (ÁVILA, Humberto. *Teoria dos Princípios: da definição à aplicação dos princípios jurídicos*. 4ª ed., São Paulo: Malheiros, 2006, p. 168 e 130).

[266] ÁVILA, Humberto. *Teoria dos Princípios: da definição à aplicação dos princípios jurídicos*. 4ª ed., São Paulo: Malheiros, 2006, p. 141.

lidade, somente fica ao talante do aplicador quando, interpretadas as regras de competência de forma adequada, o mesmo fato jurídico, sem qualquer decomposição, contiver as propriedades descritas em mais de uma materialidade.[267] Não parece exagero dizer que a invocação do postulado da razoabilidade somente é justificada pela excepcionalidade do caso, verificável na hipótese em que os fatos se enquadrarem nos conceitos advindos de duas normas de competência tributária (*hard cases*). Tal excepcionalidade não pode ser suposta ou pressuposta, ao contrário, deverá ser comprovada, aos fins de justificar a invocação do postulado da razoabilidade e o afastamento de uma das regras de competência.

Buscando fundamento no postulado da razoabilidade, portanto, deverá o aplicador escolher em que materialidade o fato jurídico mais se enquadra – já não se está no campo do "sim ou não", típico das regras; entra-se, aqui, no terreno do "mais ou menos", característico da valoração requerida pela justificação de segunda ordem, que trata da escolha da norma aplicável. Haverá de se escolher, no caso de disputa entre ISSQN e ICMS, se prevalecerão no fato examinado características de obrigação de dar ou de obrigação de fazer. Para tanto, deverá o intérprete utilizar dois critérios decisórios, a saber: a *particularização* com que realizada a atividade tributável[268] e a sua *finalidade* – que se apanha pela análise do interesse do contratante.[269] De um lado, o exame da *finalidade* serve a indicar se está

---

[267] Por muitos serviços exigirem um *corpus mechanicum*, há que se ter bastante cuidado na avaliação acerca da existência de duplo enquadramento na materialidade de dois impostos distintos. É evidente, por exemplo, que não haverá conflito de competência entre o ICMS e o ISSQN quando da elaboração de um parecer jurídico. O papel no qual redigido o parecer, ao final entregue ao consulente, mero veículo no qual impresso o fazer contratado, não basta a justificar se cogite da incidência do ICMS. Pelas palavras de GERALDO ATALIBA e AIRES FERNANDINO BARRETO: "não deixa de configurar prestação de serviço o exercício de atividade que requeira o uso de instrumentos ou equipamentos, por mais sofisticados que sejam. (...) Casos há em que o serviço se traduz ou se consubstancia numa coisa material ao beneficiário do serviço: é uma chapa de raio X; o relatório ou laudo do agrimensor, etc.". (ATALIBA, Geraldo; BARRETO, Aires Fernandino. "ISS e ICM – Conflitos". *In* SAMPAIO DÓRIA, Antônio Roberto; et al (coord.). *Textos Selecionados de Direito Tributário: X Curso de Especialização em Direito Tributário – IBET – IDEP – ESAF*, São Paulo: Resenha Tributária e Revista dos Tribunais, 1983, p. 253).

[268] GERALDO ATALIBA chamava tal particularidade, que caracteriza o serviço por encomenda, de "prestação de esforço pessoal" (ATALIBA, Geraldo. et. al. "Conflitos entre ICMS, ISS e IPI. *Revista de Direito Tributário* nº 7/8, janeiro-junho de 1979, p. 128).

[269] Segundo EDVALDO BRITO: "*serviço é prestação de fazer* algo para outrem, ainda que o resultado desse *operar* seja um objeto do mundo físico, porque, nessa situação, o que conta é o *interesse* do credor na atividade pessoal do devedor: alguém que encomenda a um pintor ornamental um quadro, não está *interessado* nesse objeto, em si, porque o adquiriria de qualquer

o intérprete frente a fornecimento de mercadoria ou à prestação de serviço com materiais. Paulo de Barros Carvalho adverte à longa data que "a natureza mercantil do produto não está, absolutamente, entre os requisitos que lhe são intrínsecos, mas na destinação que se lhe dê".[270] De outro, a *particularização* ou *especificidade* que caracteriza a prestação de serviços cumpre relevante papel no discernimento que entre ela haverá frente à comercialização de mercadorias[271] – função já exercida para diferençar a prestação de serviços da industrialização (ISS *x* IPI).

Buscava o contratante de uma empreitada com fornecimento de bens (item 7.02 da lista anexa à LC 116/03) uma compra de mercadorias instaladas ou um serviço específico, realizado de acordo com as particularidades de sua necessidade? A contratação de um analista de sistemas para criar um *software* que facilitará o gerenciamento de tarefas de uma empresa (item 1.02 e/ou 1.04 da lista anexa à LC 116/03) deverá servir à mesma incidência que recai sobre a compra de um *software* padronizado, numa loja de informática?

Quanto à tributação dos *softwares*, especificamente, há que se lembrar do precedente firmado perante o STF. Ao julgar o RE

---

pintor, em um dono de uma galeria de arte; está *interessado*, sim, na técnica daquele respectivo artista que elabora, enfim, uma encomenda dessa *técnica*." (BRITO, Edvaldo. "O ISS e a Lei Complementar n° 116 – Conflitos de Competência". *In* ROCHA, Valdir de Oliveira (coord.). *Grandes Questões Atuais do Direito Tributário* 8° vol., São Paulo: Dialética, 2004, p. 105). Ao tratar exatamente da disputa entre ICMS e ISS, GERALDO ATALIBA destacava a importância da finalidade do fato jurídico para a definição de sua natureza: "Há três ou quatro semanas atrás ficou claro que serviço é 'fato'. Mas a compreensão do fato, para os efeitos jurídicos, muitas vezes vai exigir o exame do contrato. Aquele fato é produzido por vontades, e voltado a certas finalidades. As vezes só se entende a finalidade de um fato humano quando se entende qual foi a vontade que o determinou. É a hora em que a consideração do contrato vai iluminar a compreensão do fato para os nossos efeitos." (ATALIBA, Geraldo. "Conflitos entre ICMS, ISS e IPI. *Revista de Direito Tributário* n° 7/8, janeiro-junho de 1979, p. 121).

[270] CARVALHO, Paulo de Barros. "A natureza jurídica do ICM". *In* DÓRIA, Antônio Roberto Sampaio (coord.) *et al. Textos Selecionados de Direito Tributário: X Curso de Especialização em Direito Tributário – IBET – IDEP –ESAF*. São Paulo: Resenha Tributária e Revista dos Tribunais, 1983, p. 95. Na mesma linha: MELLO, José Eduardo Soares de. *ICMS: Teoria e Prática*. 3ª ed. São Paulo: Dialética, 1998, p. 16.

[271] O Superior Tribunal de Justiça parece ter adotado tal linha de entendimento quando da edição de sua Súmula n° 156: "Súmula 156. A prestação de serviço de composição gráfica, personalizada e sob encomenda, ainda que envolva fornecimento de mercadorias, está sujeita, apenas, ao ISS". Nessa linha, o MINISTRO FRANCISCO FALCÃO, quando do julgamento de casos que envolvam conflito de competência entre ICMS e ISSQN, tem mencionado o que chama de "princípio da preponderância". Segundo afirma, "*naquelas atividades tidas como mistas, a definição acerca de se dar a incidência do ICMS ou do ISS é pautada pela percepção da preponderância de um sobre o outro*" (REsp 258.121/PR, STJ, 1ª Turma, Rel. Min. Francisco Falcão, julgado em 21/10/2004, DJU 06/12/2004, p. 193).

176.626-3/SP, o Plenário do STF, seguindo a passos firmes o voto do Ministro Sepúlveda Pertence, após referir que o *software* é um "direito de exclusivo – que não é mercadoria nem se aliena com o licenciamento de seu uso", estabeleceu bem demarcada distinção entre os programas de computador, adotando como critério distintivo o "grau de standardização": há programas *standard*, programas por encomenda e programas adaptados ao cliente. Os primeiros são aqueles padronizados, colocados à disposição de um número indeterminado de pessoas. Os demais são produto de um trabalho que levou em conta as particularidades dos interesses e necessidades de cada cliente.[272] Muito embora, naquele caso específico, se tenha afastado a pretendida tributação estadual porque se estava frente à "cessão de direitos do direito de uso de programa de computador", deixou claro o Plenário do STF que a não-incidência do ICMS em tais casos, de cessão ou licenciamento de uso, "não resulta que de logo se esteja também a subtrair do campo constitucional de incidência do mesmo tributo a circulação de cópias ou exemplares de programas de computador produzidos em série e comercializados no varejo, isto é, do chamado 'software de prateleira'".

Na mesma linha, a 1ª Turma do STF, ao examinar a venda de fitas de videocassete e seu possível enquadramento dentro das hipóteses de incidência do ISSQN (item 63 da lista anexa à Lei 56/87), no RE 191.454-8/SP,[273] de que foi relator o Ministro Sepúlveda Pertence, fez a seguinte distinção:

> Tal como sucede em relação aos programas de computador, a fita gravada pode ser o produto final de um serviço realizado para atender à demanda específica de determinado consumidor – hipótese em que se sujeita à competência tributária dos Municípios –, ou o exemplar de uma obra oferecido ao público em geral, e nesse caso não seria lícito negar-lhe o qualificativo de mercadoria.

---

[272] CLÉLIO CHIESA, em arguta observação, refere que "embora não haja ainda uma definição sobre a matéria, a tendência é de que o Supremo Tribunal Federal venha a firmar o entendimento de que a exploração econômica dos programas de computador pode ser tributada por meio do ICMS nas operações com os denominados softwares de prateleira e pelo ISS nas operações com sofware sob encomenda" (CHIESA, Clélio. "O Imposto Sobre Serviços de Qualquer Natureza e Aspectos Relevantes da Lei Complementar nº 116/03". *In* ROCHA, Valdir de Oliveira (coord). *O ISS e a LC 116*. São Paulo: Dialética, p. 69).

[273] RE 191.454-8/SP, STF, 1ª Turma, Rel. Min. Sepúlveda Pertence, julgado em 08/06/1999, v.u., DJU 06/08/99, p. 46.

Na seqüência, concluiu o Ministro Sepúlveda Pertence, examinando à produção em série de exemplares de obras cinematográficas, que:

> Não haveria que se falar em prestação de serviço, atividade que se realiza sob encomenda e que se completa com a entrega, ao encomendante, do serviço ou da coisa em que este se materialize, quando há concomitantemente fornecimento de mercadoria.

Por lealdade ao debate, devemos admitir que frente a tal hipótese, na qual um fato jurídico, *prima facie*, se enquadra na materialidade de mais de um imposto, há quem advogue a possibilidade de intervenção do legislador complementar, forte no art. 146, I, da CRFB. Nesses casos, quando for necessária a escolha a respeito de qual norma de competência tributária aplicar, em razão do duplo enquadramento do fato tanto na materialidade do ICMS como também na do ISSQN, dizem os adeptos de tal entendimento que poderia o legislador complementar determinar qual imposto deve incidir. Nessa linha, estando o ISSQN na disputa, difícil seria negar-lhe prevalência abstrata. Isso porque o fato jurídico somente pode ser tributável pelo ISSQN se já houver lei complementar definindo que sobre ele deve recair o imposto municipal (art. 156, III, CRFB) e porque a Lei Complementar nº 116/03 dita que toda a atividade em si listada dá ensejo ao ISSQN, mesmo quando acompanhada de mercadorias (art. 1º, § 2º).[274] Tal lei complementar, para os que seguem essa concepção, estaria exercendo duplo papel: não apenas definiria os "serviços de qualquer natureza" para fins da incidência do ISSQN, mas, também, solveria um conflito de competência tributária (art. 146, I, CRFB). Yves Gandra da Silva Martins e Fátima Fernandes Rodrigues de Souza[275] parecem adotar tal entendimento, afirmando que diante

---

[274] "Art. 1º O Imposto Sobre Serviços de Qualquer Natureza, de competência dos Municípios e do Distrito Federal, tem como fato gerador a prestação de serviços constantes da lista anexa, ainda que esses não se constituam como atividade preponderante do prestador.
§ 2º Ressalvadas as exceções expressas na lista anexa, os serviços nela mencionados não ficam sujeitos ao Imposto Sobre Operações Relativas à Circulação de Mercadorias e Prestações de Serviços de Transporte Interestadual e Intermunicipal e de Comunicação – ICMS, ainda que sua prestação envolva fornecimento de mercadorias."

[275] "(...) muitas vezes a prestação de serviços implica algum fornecimento de mercadorias, assim como o fornecimento de mercadorias implica, frequentemente, a prestação de algum serviço. A dificuldade de enquadramento na competência estadual ou municipal levou o legislador supremo a atribuir ao legislador complementar competência para definir, nessas hipóteses – com base na teoria da preponderância, construída, no passado, pela doutrina, quanto às chamadas operações mistas-, o que seria tributado por um ou por outro imposto." (MARTINS, Yves Gandra da Silva; SOUZA, Fátima Fernandes Rodrigues de. "ICMS. Exegese

de um fato que exibe as propriedades selecionadas pelos conceitos constitucionais decorrentes de mais de uma materialidade, poderá o legislador complementar, valendo-se da função que lhe atribui o art. 146, I, da CRFB, indicar qual tributo incidirá. Aires F. Barreto[276] também guarda ao legislador complementar a função de dizer qual dos entes políticos poderá tributar os fatos enquadrados em mais de uma dentre as materialidades advindas das regras de competência dos impostos. Embora o respeito que mereçam os ilustres doutrinadores, não nos parece, contudo, ser essa a melhor solução – ao menos não para o caso de conflito entre ICMS e ISSQN.

Entendemos, ao invés, que as hipóteses de conflito entre ICMS e ISSQN em face de "operações mistas" que envolvam atividades listadas na lei complementar de que trata o art. 156, III, CRFB, reclamam sempre a intervenção do aplicador munido do postulado da razoabilidade, por uma única razão: o enquadramento no núcleo da materialidade do ICMS é excludente do conceito constitucional de serviço. Se houver mercadoria, não poderá se falar em prestação de serviço tributável pelo ISSQN porquanto a finalidade do negócio jurídico tributável será a venda do bem e não a prestação do serviço – o que torna inconstitucional o art. 1º, § 2º, da LC 116/03. A incidência do ISSQN só é possível quando a obrigação de fazer necessitar de algum instrumento para sua realização ou for expressa em algum *corpus mechanicum* que não seja mercadoria, mas, apenas, material – hipótese em que a finalidade do negócio será o fazer e não o dar. A adequada interpretação constitucional não deixará margem ao legislador complementar.

Dessa maneira, caberá ao intérprete, e não ao legislador complementar, definir, nos casos excepcionais de "obrigações mistas" em que a obrigação de fazer estiver prevista na lista-anexa à legislação complementar do ISSQN, se o bem que acompanha a obrigação

---

do art. 155, § 2º, IX, 'b', da CF (Fornecimento de Mercadorias com Prestação de Serviços não Compreendidos na Competência dos Municípios)". *Revista Dialética de Direito Tributário* nº 100, janeiro de 2004, p. 26).

[276] "Uma única ressalva: apenas nos casos excepcionalíssimos nos quais, em tese, a unidade ontológica do fato seja insuperavelmente composta é que, para afastar conflito, está a lei complementar autorizada a fixar critério que exclua a pretensão do Estado ou do Município. Só na impossibilidade irremovível de distinção entre serviço e operação mercantil é que se reconhece essa possibilidade. E mesmo assim essa faculdade não pode ser arbitrária. O critério deverá ser aquele que melhor realize os vetores constitucionais." (BARRETO, Aires F. *ISS na Constituição e na Lei*. 2ª ed. São Paulo, Dialética, 2005, p. 236).

de fazer é mercadoria ou material – o que se faz pelo exame da finalidade do negócio tributável. Definida a natureza do bem (se mercadoria ou material), a escolha da norma de competência aplicável é mera decorrência lógica.

A excepcionalidade que marca tais "operações mistas", as quais, num primeiro momento, parecem se enquadrar em mais de uma materialidade, a exigir a investigação da finalidade com que foram realizadas e o grau de particularização com que prestada a obrigação de fazer, não combina com a generalização típica da regra legal.[277] A solução de tais casos necessita o exame casuístico, que escapa à generalidade da lei complementar. Não se pode esperar do legislador complementar a criação de ficções legais discriminando os casos que servirão à instituição do ICMS e os casos que servirão à incidência do ISSQN – dizendo, por exemplo, quando se está diante de mercadoria prestada com serviço e quando se está diante de serviço que necessita de material. Tal exame será sempre casuísta, a depender da avaliação do intérprete/aplicador das normas – a velocidade e o dinamismo da realidade estão sempre à frente do lerdo procedimento legislativo, tornando proibitiva a assunção de tal tarefa à legislação complementar. Tantas e tão diversas as múltiplas facetas dos negócios jurídicos criados pelo homem que não há como a lei prevê-las todas, devendo, assim, restrita ao conceito constitucional de serviço, estabelecer quais obrigações de fazer podem sofrer a incidência do tributo municipal.

As leis, na trilha do quanto afirma Souto Maior Borges,[278] "são feitas para aquilo que normalmente acontece", sendo mais adequado, portanto, que se deixe a tarefa de determinar em qual materialidade se enquadram fatos excepcionais, como os aqui tratados, para o próprio intérprete, forte nos critérios já trazidos pelas normas

---

[277] "A lei, na feliz síntese de Brethe de la Gressaye e Laborde-Lacoste, é um ato normativo *genérico, abstrato, permanente*, a que Orlando Gomes acrescenta a característica de *compulsoriedade* e a que adiciono a de *pluralismo*. É genérica porque não descreve uma situação singular, mas, sim, um gênero caracterizador de todos os casos da mesma espécie enquadráveis nas suas previsões; daí decorrem as suas caracterísitcas de ato abstrato e permanente." (BRITO, Edvaldo. "Natureza Jurídica Mercantil do ICMS". *In* ROCHA, Valdir de Oliveira. *O ICMS e a LC 87/96.*, São Paulo: Dialética, 1997, p. 45).

[278] "A lei jamais foi feita para regular todos os casos – nenhum, excetuado – que concorretamente ocorrem na convivência social. Pelo contrário, as leis são feitas para aquilo que normalmente acontece." (BORGES, José Souto Maior. "A isonomia tributária na Constituição". *Revista de Direito Tributário* nº 64. São Paulo: Malheiros Editores, 1994, p. 15)

constitucionais. O problema, aqui, está na interpretação do fato, não na generalização da norma.

Interessante notar que a decisão casuística a respeito da incidência do ICMS sobre determinado fato jurídico, após a análise a respeito da finalidade com que realizado e do grau de particularização do agir humano, não afeta a constitucionalidade da previsão legal a respeito da incidência do ISSQN. Ao julgar o RE 191.454-8 SP, a 1ª Turma do STF não declarou a inconstitucionalidade do item 63 da lista anexa à LC 56/87, mas, apenas, definiu que sobre aquele específico fato jurídico cuja tributação se discutia, em razão de suas próprias particularidades, haveria de incidir o ICMS. Poderá haver, noutra oportunidade, outra venda de fitas de videocassete, cujas peculiaridades justifiquem a incidência do ISSQN forte no mesmo item 63 da lista anexa à LC 56/87.

Portanto, cada fato jurídico, dentre aqueles que podem se enquadrar na materialidade de ambos impostos (ICMS e ISSQN), será analisado frente ao postulado da razoabilidade, cabendo ao aplicador da norma, assim, definir qual imposto sobre ele recairá, levando em conta sua finalidade e o grau de particularização que envolve.

Diante de tais considerações, talvez possa parecer esvaziada a função de solver conflitos de competência tributária, constitucionalmente atribuída às leis complementares pelo art. 146, I, CRFB. Ocorre, no entanto, que, longe disso, tal função resta prestigiada, devendo ser exercida nas hipóteses em que mais de um ente político for dotado da mesma competência e dois ou mais tiverem a pretensão de instituir imposto sobre o mesmo fato jurídico, conforme adiante exposto.

8. Conflito entre Municípios: ISSQN x ISSQN

Já examinados os conflitos de competência tributária que podem ocorrer entre Municípios e União (ISSQN *x* IPI e ISSQN *x* IOF) e também entre Municípios e Estados (ISSQN e ICMS), resta agora examinar os conflitos havidos entre dois Municípios (ISSQN *x* ISSQN).

Como visto, as regras de competência tributária, originadas da interpretação do texto constitucional, servem a garantir a incidência de cada imposto sobre determinados fatos, cuja descrição consta no prescritor de tais normas (constitucionais). O conseqüente prescritor das normas de competência dos impostos traz em si, sempre, a descrição de uma generalidade, cuja correspondência no mundo factual possibilitará a instituição do respectivo tributo. Dessa forma, o constituinte garantiu a cada grupamento de entes políticos (Municípios, Estados e União) algumas fatias da realidade, sobre as quais poderão instituir os respectivos impostos.

Não há, entretanto, no texto constitucional, norma que determine qual ente político, pertencente à categoria agraciada pela regra de competência estabelecida no art. 156, III, da CRFB, poderá instituir ISSQN frente a fatos ocorridos em múltiplos territórios Qual município tem competência, por exemplo, para tributar o serviço iniciado em Porto Alegre e terminado em Manaus, especialmente quando parte dele foi realizada em São Paulo e o domicílio do prestador está localizado em Curitiba? A Constituição Federal não traz tal resposta.

Eis, aqui, campo fértil ao exercício da função conferida à lei complementar pelo art. 146, I, da CRFB. A liberdade do legislador complementar no que atine ao estabelecimento de critérios de definição acerca da atribuição de competência dentro da mesma categoria de ente político é muito ampla, não havendo, como dito, no texto constitucional, que detém supremacia hierárquica, normas previamente estabelecidas quanto aos limites de competência de cada município – como há, por exemplo, quanto aos Estados, no caso do ICMS.[279] Embora o legislador complementar tenha legitimidade constitucional para prevenir conflitos de competência tributária entre entes políticos de diversas categorias (ex: entre Municípios e União), está ele, em tais hipóteses, atrelado a normas constitucionais que muito lhe restringem as possibilidades: as próprias regras de competência dos impostos, nas quais já estão pré-definidas ou ao menos bem esboçadas as respectivas materialidades. No caso da prevenção de conflitos de competência entre entes políticos da mesma categoria, porém, em que não há normas constitucionais a limitar a matéria a ser tratada em lei complementar, ao menos no que toca à competência de que trata o art. 156, III, CRFB, são bem maiores as possibilidades de atuação do legislador.[280]

Nessa linha, disciplinava o DL 406/68, em seu art. 12,[281] letra "a", quanto ao critério espacial da regra-matriz de incidência do ISSQN, que seria competente para a sua instituição e cobrança o Município onde localizado "o estabelecimento prestador" ou o "domicílio do prestador"– excetuada, apenas, a hipótese de serviço relativo à construção civil, em vista da qual seria competente o Município onde "efetuada a prestação".

A jurisprudência nacional, contudo, embora sem jamais ter declarado a inconstitucionalidade do referido dispositivo legal, não o

---

[279] Quanto ao ICMS, vale registrar a existência de norma constitucional determinando, nos casos de operações e prestações que destinem bens e serviços a consumidor final localizado em outro Estado, que "caberá ao Estado da localização do destinatário o imposto correspondente à diferença entre a alíquota interna e a interestadual" (art. 155, § 2º, VIII, CRFB).

[280] "Foi cuidadoso o Constituinte, portanto, ao não tratar deste assunto no próprio texto constitucional, deixando a matéria em sua integralidade ao legislador complementar, o qual estaria mais apto a traçar regras de solução de conflitos, justamente em razão de ser ele o competente para escolher as hipóteses de serviços sujeitos à incidência do ISS" (BRAZUNA, José Luiz Ribeiro. "Lei Complementar nº 116/03 – Mudanças no Regime do ISS – Conflitos de Competência entre Municípios – Responsabilidade Tributária – Limites aos Poderes de Fiscalização". *Revista Dialética de Direito Tributário* n. 108, p. 108).

[281] "Art. 12. Considera-se local da prestação do serviço:
a) o do estabelecimento prestador ou, na falta de estabelecimento, o do domicílio do prestador;
b) no caso de construção civil, o local onde se efetuar a prestação."

aplicava, negando-lhe vigência forte num "princípio constitucional implícito" (REsp 41.867/RS[282] e REsp 115.279/RJ[283]), segundo o qual seria competente o Município em cujo território fora prestado o serviço.

Tudo indica que tal princípio seria o chamado princípio da territorialidade, segundo o qual "a lei tributária vige dentro do território do poder tributante, no âmbito espacial abrangido pela sua soberania" (Bernardo Ribeiro de Moraes).[284] Partindo do pressuposto de que o critério material do ISSQN, resultante da interpretação do art. 156, III, CRFB, é composto pelo verbo "prestar" e pelo complemento "serviços de qualquer natureza definidos em lei complementar", a jurisprudência tem entendido ser decorrência lógica e inexorável do comando constitucional que a competência para a instituição e cobrança do aludido tributo seja do município em que efetivamente realizado o fato jurídico tributário (prestação do serviço). Nem

---

[282] Em seu voto, acolhido como razões de decidir da 1ª Turma do STJ, assim pronunciou-se o MINISTRO DEMÓCRITO REINALDO: "Quanto à questão nodal do recurso – a de que o ISS é devido no território do Município em que se prestou o serviço – parece-me com razão a recorrente. É certo que o artigo 12 do Decreto-lei 406/68 dispõe que 'considera-se local da prestação do serviço, o do estabelecimento prestador, ou, na falta, do domicílio do prestador'. É de ver que o dispositivo supra não tem sentido absoluto. A sua compreensão, como ensinam os doutrinadores, exige temperamentos. É curial que na repartição dos tributos, a lei pretenda que o ISS pertença ao Município em cujo território se realizou o fato gerador. É, pois, o local da prestação de serviço que indica o município competente para a cobrança do tributo. Entender-se de outro modo é um contra-senso, eis que, se permitiria que um serviço realizado dentro das fronteiras de um município, a outro se deferisse. O insigne tributarista Roque Carrazza, ao escrever sobre os aspectos controvertidos do Decreto-lei 406/68 e, dentre eles, o local da prestação do serviço, para efeito de estabelecer a propriedade do ISS, esclareceu com maestria: 'A matéria vem disciplinada no artigo 12: Considera-se local da prestação do serviço o do estabelecimento prestador ou, na falta, o do domicílio do prestador. Esse artigo 12, creio eu, deve ser considerado com grandes cautelas justamente para que não se vulnere o princípio constitucional implícito que atribui ao município competência para tributar as prestações ocorridas em seu território'." (REsp 41.867/RS, STJ, 1ª Turma, Rel. Min. Demócrito Reinaldo, julgado em 04/04/1994, DJU 25.04.1994, p. 9208).

[283] PROCESSUAL CIVIL E TRIBUTÁRIO – ISS – SERVIÇOS DE CONSTRUÇÃO CIVIL – LOCAL DO RECOLHIMENTO -INTERPRETAÇÃO DO ART. 12 DO D.L. 406/68 – NEGATIVA DE VIGÊNCIA DE LEI FEDERAL NÃO CONFIGURADA – DIVERGÊNCIA JURISPRUDENCIAL NÃO COMPROVADA – PRECEDENTES. O Município competente para a cobrança do ISS é aquele em cujo território se realizou o fato gerador, em atendimento ao princípio constitucional implícito que atribui àquele Município, o poder de tributar os serviços ocorridos em seu território. Na comprovação da divergência jurisprudencial impõe-se que os paradigmas colacionados e o acórdão recorrido tenham enfrentado tema idêntico, à luz da mesma legislação federal, porém dando-lhes soluções distintas. A lei federal (art. 12, D.L. 406/68) pretende que o ISS pertença ao Município que recebe a prestação do serviço, fato gerador do tributo. Violação à lei federal não configurada. Recurso não conhecido. (REsp 115.279/RJ, STJ, 2ª Turma, Rel. Min. Francisco Peçanha Martins, julgado em 06/04/1999, DJU 01/07/1999, p. 163.)

[284] MORAES, Bernardo Ribeiro de. *Compêndio de Direito Tributário*. 2ª ed. Vol. II. Rio de Janeiro: Forense, 1994, p. 162/163.

mesmo a legislação complementar, com base na competência que lhe foi outorgada pelo art. 146, I, CRFB, poderia, segundo o posicionamento jurisprudencial, definir qualquer outro critério à fixação da competência tributária para a instituição e cobrança do ISSQN.

Parece-nos, no entanto, que a jurisprudência do Superior Tribunal de Justiça desconsiderou por completo a distinção que há entre o âmbito de eficácia territorial das normas municipais e o critério espacial da regra-matriz de incidência tributária, esmiuçada com total propriedade por Paulo de Barros Carvalho:

> Em face da grande difusão desses últimos anos, tornou-se freqüente o embaraço dos especialistas ao conceituar o critério espacial das hipóteses tributárias. Muita vez o encontramos identificado com o próprio plano de eficácia territorial da lei, como se não pudesse adquirir feição diferente. A despeito disso, porém, percebemos, com transparente nitidez, que critério espacial da hipótese e campo de eficácia da lei tributária são entidades ontologicamente distintas. E vamos exibir a distinção com referências práticas bem visíveis. O IPI, tomado na regra que prevê a incidência na importação, e o IR, ambos de competência da lei federal, apresentam critérios espaciais radicalmente diversos: o fato jurídico tributário, na primeira hipótese, há de ocorrer nas repartições aduaneiras, de número limitado e situadas em localidades determinadas. Por outro lado, o IR alcança, em linhas genéricas, não só os acontecimentos verificados no território nacional, mas até fatos, explicitamente tipificados, e que se compõem para além de nossas fronteiras. A análise da regra de incidência do IPTU mostra o desencontro, com precisão geométrica. O tributo grava, privativamente, os imóveis localizados dentro do perímetro urbano do Município. Inobstante isso, a lei municipal efunde sua eficácia por toda a sua extensão do território correspondente, atingindo as zonas rurais, excluídas do impacto tributário. Os modelos trazidos à colação propõem uma inferência que vemos iluminada com forte claridade metodológica: o critério espacial das normas tributárias não se confunde com o campo de validade da lei. As coincidências, até certo ponto freqüentes, devem ser creditadas à opção do legislador, entre os esquemas técnicos de que dispõe, sempre que pretenda apanhar, com a percussão tributária, uma quantidade inominável de eventos. Daí ser entre as fórmulas conhecidas a menos elaborada e, por decorrência, a mais elástica.[285]

A lição do grande tributarista revela que o território do ente político dotado de competência tributária geralmente representa os limites do âmbito de eficácia das normas oriundas dos enunciados legais por ele emitidos, nada impedindo, porém, que o critério espacial da regra-matriz de incidência tributária aponte à dimensão mais reduzida ou mesmo mais alargada – desde que, com isso, não ofen-

---

[285] CARVALHO, Paulo de Barros. *Curso de Direito Tributário*, 20ª ed. São Paulo: Saraiva, 2008, p. 290.

da nenhuma norma de superior hierarquia. Vale exemplificar com a lembrança das regras-matrizes de incidência tributária do IPTU e do IR: embora o âmbito de validade das normas municipais atinja todo seu território, a regra-matriz de incidência do IPTU tem como critério espacial apenas sua parcela urbanizada; já o IR, embora o âmbito de validade das normas da União atinja todo o território federal, apresenta regra-matriz de incidência que gera efeitos inclusive em outros países.[286]

Os exemplos do IPTU e do IR demonstram que, a despeito do entendimento do Superior Tribunal de Justiça, não há qualquer "princípio constitucional implícito" que impeça a fixação de critério espacial diverso do âmbito de validade territorial das normas. Longe disso: embora seja indispensável que entre o critério espacial da regra-matriz de incidência tributária e o critério material já esboçado pelo conseqüente da regra de competência dos impostos haja alguma conexão,[287] isso não impõe seja o primeiro idêntico ou correspondente ao campo de eficácia da norma. No caso do ISSQN, por exemplo, cujo critério material se retira da expressão "prestar serviços de qualquer natureza, definidos em lei complementar", nada impede que o legislador complementar, buscando evitar conflitos de com-

---

[286] "Vê-se, portanto, que as normas editadas por determinada pessoa, a princípio, alcançam todos os fatos ocorridos em seu território (âmbito geral de validade territorial da norma). Quando a norma tributária é omissa a respeito do aspecto espacial, pressupõe-se, inclusive, que em qualquer parte do território da pessoa tributante onde ocorrer o fato haverá incidência do comando normativo. Não obstante, o legislador pode delimitar, espacialmente, a hipótese de incidência da norma tributária, de tal modo que o seu aspecto espacial não mais coincida com o âmbito territorial de validade das normas da pessoa tributante. Essa delimitação pode ocorrer para se *reduzir* o âmbito de validade territorial, de modo que a norma somente alcance certos fatos ocorridos em parte, áreas ou lugares de seu território (é o caso do imposto territorial e predial urbano que somente alcança os imóveis situados na zona urbana, embora as leis municipais – em regra – tenham validade em todo o território, inclusive na zona rural); mas ela também pode dar-se para expandir os efeitos da norma, de modo a alcançarem fatos ocorridos além das fronteiras nacionais (hipótese do Imposto sobre a Renda)" (DERZI, Misabel Abreu Machado. "O aspecto espacial do Imposto Municipal sobre Serviços de Qualquer Natureza". In TORRES, Heleno Taveira (coord.). *Imposto sobre Serviços – ISS na Lei Complementar nº 116/03 e na Constituição*. Barueri, SP: Manole, 2004, p. 72/73).

[287] "Em efeito, o fato jurídico tributário é uma realidade complexa, constituída de partes objetivas e subjetivas. Naquelas avultam alguns dados: o material, traduzido no fato objetivamente considerado; o temporal, pertinente ao tempo juridicamente relevante para a tipificação do fato; o espacial, que diz com o espaço ou território em que o fato se verificou. (...) É de se por em relevo que a ausência de conexão entre a coordenada espacial e o critério material do arquétipo nominativo pode implicar desrespeito ao próprio fato tributário descrito na hipótese de incidência e que constitui o pressuposto da obrigação tributária." (ARZUA, Heron. "O ISS e o Princípio da Territorialidade". In MELLO, Celso Antônio Bandeira de (organizador). *Estudos em Homenagem a Geraldo Ataliba*. São Paulo: Malheiros, 1997, p. 146/147).

petência entre os municípios, fixe, como feito no velho DL 406/68 e repetido na novel LC 116/03,[288] que será competente, salvo exceções em lei apontadas, o município em que localizado o estabelecimento prestador. Nos parece, ao revés da sempre respeitada lição de Heron Arzua,[289] que a localização do estabelecimento do prestador tem vinculação com o critério material advindo da interpretação do art. 156, III, CRFB, tornando equivocada a solução adotada pelo Superior Tribunal de Justiça, que fixou, *sponte propria*, sem base em qualquer norma legislativa e em nítida contrariedade às disposições da legislação complementar nacional de regência do ISSQN, nova regra para solução dos conflitos de competência entre municípios, na qual estabelece que será competente aquele em cujo território for prestado o serviço. Não há, ao contrário do que dita a jurisprudência em questão, nada que impeça o legislador complementar de fixar como critério à definição de qual entre os municípios é competente para tributar determinado serviço o local em que sediado ou domiciliado o prestador. Em verdade não é o critério legal (local onde sediado o prestador), mas, sim, o critério adotado pelo STJ à definição da competência para a instituição do ISSQN (local onde prestado o serviço) que colide com as normas constitucionais. Como admitir a validade do critério eleito pelo STJ se a própria Constituição da República prevê a possibilidade de incidência do ISSQN sobre serviços exportados para além das fronteiras nacionais (art. 156, § 3º, II, CRFB)? Salta aos olhos a incongruência que há entre a norma constitucional que prevê a possibilidade de instituição de ISSQN sobre serviços exportados e o entendimento adotado pelo STJ a respeito da competência do município onde efetivamente prestado o serviço. Parece claro, já por aí, que a melhor interpretação constitucional conduz a caminho diverso daquele traçado pela jurisprudência pátria, o que leva a crer que a legislação complementar andou e anda bem ao fixar como critério espacial do ISSQN, salvo restritas exceções, o "local do estabelecimento prestador" ou do "domicílio do prestador".

---

[288] LC 116/03 "Art. 3º. O serviço considera-se prestado e o imposto devido no local do estabelecimento prestador ou, na falta do estabelecimento, no local do domicílio do prestador, exceto nas hipóteses previstas nos incisos I a XXII, quando o imposto será devido no local: (...)".

[289] "O princípio do *situs* implica a aplicação da lei vigente sobre a base física (território do Município), dentro da qual o fato jurídico tributário se dá (*ratione loci*). Do esboço constitucional, cada Município é hábil para apanhar os fatos ocorridos em seu território. O critério espacial, no ISS, coincide com o âmbito de validade territorial da lei." (ARZUA, Heron. "O ISS e o Princípio da Territorialidade". *In* MELLO, Celso Antônio Bandeira de (organizador). *Estudos em Homenagem a Geraldo Ataliba*. São Paulo: Malheiros, 1997, p. 151).

Respaldando a posição ora defendida, Misabel Abreu Machado Derzi pontifica:

> Ora, para nós, a Constituição Federal: "a) autoriza escolher outro elemento de conexão territorial – em substituição ao lugar da execução da prestação – como critério de definição da competência do Município" (grifo da autora) (...) Portanto, não agride a natureza do imposto municipal o fato de o legislador escolher como critério espacial da hipótese, exatamente, o local em que se situa o estabelecimento prestador, o qual, como veremos na expressão da Lei Complementar nº 116/2003, está subjetivado.[290]

A respeito da solução ofertada pelo STJ, fora o equívoco da premissa em que se baseia, no que tange à existência de "princípio constitucional implícito", que impediria o legislador complementar de estabelecer como competente para a instituição do ISSQN o município em que localizado o prestador do serviço, importa destacar que conduz ela à nítida ingerência do Judiciário nas atribuições do Legislativo. Houvesse infração a princípio constitucional, deveria o Poder Judiciário declarar a inconstitucionalidade das disposições da legislação complementar nas quais assentada a competência do município em que localizado o estabelecimento do prestador do serviço; jamais usurpar a competência outorgada ao Congresso Nacional e ignorar as normas estabelecidas pelo DL 406/68 e agora pela LC 116/03 para declinar – por conta e risco – nova regra de competência territorial.[291]

Por tudo isso, parece-nos fundamental a existência de legislação complementar nacional, forte no art. 146, I, CRFB, que defina o critério espacial da regra-matriz de incidência do ISSQN, com o

---

[290] DERZI, Misabel Abreu Machado. "O aspecto espacial do Imposto Municipal sobre Serviços de Qualquer Natureza". *In* TORRES, Heleno Taveira (coord.). *Imposto sobre Serviços – ISS na Lei Complementar nº 116/03 e na Constituição*. Barueri, SP: Manole, 2004, p. 73 e 77.

[291] HUGO DE BRITO MACHADO tece interessantes comentários a respeito do tema: "É evidente que uma norma, perfeitamente aplicável ao caso cuja apreciação é feita por um Tribunal, não pode 'deixar de ser aplicada', a não ser que se declare a sua inconstitucionalidade. Vigente a norma jurídica e ocorrida a sua hipótese de incidência, se dá o fenômeno da incidência e da irradiação de efeitos jurídicos os quais não pode o julgador ignorar. No caso, não há qualquer inconstitucionalidade no artigo 12 do Decreto-lei nº 406/68. E mesmo que houvesse, sua incompatibilidade com a Carta Magna, à evidência, não poderia ser decretada pelo Superior Tribunal de Justiça, mormente se desacompanhada de qualquer declaração formal, o que vilipendia o artigo 97 da Constituição Federal. Ao invés de simplesmente ignorar tal dispositivo, deveria a jurisprudência aplicá-lo corretamente, de sorte a evitar o surgimento de conflitos, mas sem permitir a ocorrência de fraudes. Muito importante para tal mister é o conceito de estabelecimento prestador, do qual passamos agora a nos ocupar" (MACHADO, Hugo de Brito. "Local da ocorrência do fato gerador do ISS". *Revista Dialética de Direito Tributário* nº 58, jul/2000, p. 51).

que serão prevenidos diversos conflitos de competência entre municípios. Entendemos, também, que a LC 116/03, a exemplo do velho DL 406/68, ao indicar como competente para a instituição do ISSQN o município no qual "localizado o estabelecimento prestador", não fere qualquer princípio constitucional, implícito ou explícito, ao contrário, está devidamente conectada à materialidade do imposto advinda da interpretação do art. 156, III, CRFB, servindo, assim, perfeitamente, ao fim que se destina (solver conflitos de competência intermunicipais).

Conclusões

Findo o exame dos diversos pontos sobre os quais se pretendeu recaísse o presente estudo cumpre, agora, sintetizar suas principais conclusões, o que se faz por ordem de apresentação – e não de importância.

A competência tributária foi dividida pelo legislador constituinte através da utilização de diversos critérios, de acordo com a espécie tributária em questão (impostos, taxas, contribuições de melhoria, empréstimos compulsórios ou contribuições). A competência para instituição de impostos é atribuída pela concessão do poder de tributar alguns fatos, parcelas da realidade recortadas pelo constituinte através de generalizações: aos Estados é permitida a tributação de "operações relativas à circulação de mercadorias", aos Municípios a tributação dos "serviços de qualquer natureza, definidos em lei complementar", à União a tributação das "operações de crédito, câmbio, seguro ou relativas a títulos ou valores mobiliários", ...

As normas de competência tributária têm características próprias, podendo ser classificadas de acordo com sua função, sua espécie normativa e sua hierarquia. Quanto à função que exercem, são normas de estrutura, porquanto limitam o conteúdo de futuras normas de comportamento (regras-matrizes de incidência tributária) e indicam a pessoa política habilitada a criar os enunciados que darão origem a tais normas de comportamento. Quanto à espécie normativa, são regras, pois imediatamente descritivas (descrevem a simples existência da pessoa política indicada em seu antecedente) e têm (forte) pretensão de decidibilidade e abrangência. Por fim, são normas de superior hierarquia, pois se originam da interpretação do texto constitucional.

As regras de competência tributária são extraídas da interpretação do texto constitucional, que deve seguir alguns passos pré-determinados, na linha defendida por Karl Larenz: deve partir do "sentido literal" dos signos constantes do texto em interpretação, que são colhidos dos "usos lingüísticos" de uma comunidade discursiva – de preferência, da comunidade jurídica. Tal sentido literal é posto frente ao "contexto de significado", daí se extraindo o "sentido literal possível". Sendo necessário, deverá o intérprete se valer dos princípios constitucionais e também da finalidade da norma, com o que chegará a seu final objetivo: a construção de sentido dos signos interpretados, que redundará na criação dos conceitos constitucionais. Os conceitos constitucionais são o resultado do trabalho de interpretação da Carta Constitucional, dividindo-se em conceitos autônomos e conceitos recepcionados. Os conceitos autônomos, bastante raros, são aqueles estipulados (definidos) pelo próprio texto constitucional. Os conceitos recepcionados, por sua vez, são aqueles que já tinham significado antes da elaboração do texto constitucional – alguma comunidade discursiva já lhes havia atribuído algum "sentido literal".

Logo adiante, ao iniciar o exame da competência dos municípios, se verificou que o federalismo brasileiro se enquadra na noção de "federalismo assimétrico", apresentando como principal peculiaridade o fato dos municípios terem sido agraciados com a condição de ente autônomo, dotado de autonomia política, administrativa e financeira. Tal autonomia, contudo, deve conviver com o ideal de uniformização e unidade que rege a Federação, expresso, no âmbito interno, por normas constitucionais e também pela legislação complementar nacional. As leis complementares divergem das leis ordinárias por exigir *quorum* diferenciado e por deter exclusividade na regulação de certas matérias – apontadas pelo texto constitucional. Dentre tais matérias estão as disposições a respeito de questões tributárias de índole nacional – que não podem ser tratadas por leis ordinárias, sequer pelas federais. Por isso há leis complementares nacionais (LCN) e leis complementares federais (LCF): as primeiras voltadas a todos os entes políticos ou a algum agrupamento deles (todos os Municípios, todos os Estados, os Estados e os Municípios...); as segundas apenas à União. Desse exame foi possível constatar que não há qualquer impedimento constitucional ao fato de que leis complementares nacionais restrinjam a autonomia dos municípios quando tiverem por finalidade prever conflitos de competência tributária, regular limitações constitucionais ao poder de tributar e em algumas hipóteses *também* estabelecer normas gerais de direito tributário (art. 146, CRFB). Ao contrário, pareceu-nos ser fundamental ao federalismo brasileiro que a autonomia dos municípios seja sempre balizada pela própria Constituição e também por leis complementares nacionais – que só não podem versar sobre "fatos geradores, bases de cálculo e contribuintes", senão quando (também) tiverem por finalidade prevenir conflitos de competência tributária.

Finda a análise da autonomia municipal frente ao chamado princípio federativo, se partiu ao exame da regra de competência do ISSQN, construída pela interpretação do art. 156, III, da CRFB. Na linha da metodologia de interpretação defendida, foi colhido o "sentido literal" do signo "serviço" diretamente da comunidade jurídica pré-constitucional. Depois disso, burilando tal sentido frente ao "contexto de significado" representado pelo sistema constitucional e também aos princípios constitucionais, foi construído o conceito constitucional de serviço, definido como obrigação de fazer em favor de terceiro, que tenha conteúdo econômico e seja um fim-em-si-mesmo, prestada em regime de Direito Privado ou de Direito Administrativo, que não seja serviço público e nem se confunda, total ou parcialmente, com o conteúdo semântico das materialidades dispostas nas demais regras de competência dos impostos. Buscando completar o exame do art. 156, III, da CRFB, foi estudada a natureza da lei complementar nele referida, tendo sido verificado, então, se estar frente à lei complementar nacional (LCN) que tem por finalidade prevenir conflitos de competência tributária e também estabelecer normas gerais de direito tributário.

Preparando o ingresso no campo efetivo dos conflitos de competência tributária, foram estabelecidas as premissas que servem à condução do intérprete e aplicador das normas. Primeira premissa: as regras de competência deverão ser construídas seguindo a metodologia de Karl Larenz, que ordena seja colhido o "sentido literal" dos "usos lingüísticos" da comunidade discursiva (de preferência, da jurídica) e que tal sentido seja posto frente ao "contexto de significado", aos princípios e à finalidade da norma, para só então se chegar aos conceitos constitucionais que marcam as materialidades dos impostos. Segunda premissa: a divisão de competências tributárias é rígida e exaustiva, sendo vedada a incidência de mais de um imposto sobre o mesmo fato jurídico (bitributação). Terceira premissa: desde que capturado pela materialidade disposta no consequente da regra de competência de algum imposto, o fato jurídico torna-se uno e indecomponível, sendo vedado ao aplicador ou mesmo ao legislador (complementar ou ordinário) parti-lo, com a intenção de tributar suas partes por diferentes impostos.

Adentrando efetivamente no tema dos conflitos de competência havidos com o ISSQN, foram examinadas suas proximidades e destacadas suas diferenças em relação ao IPI. Mostrou-se, aqui, que embora ambas as materialidades requeiram a ocorrência de obrigação de fazer, há grande diferença no grau de *particularização* exigido pela norma que dá origem ao imposto municipal – sendo o imposto federal caracterizado, ao invés, pela *standartização* da própria obrigação de fazer e também do objeto que dela resultar.

Foram examinadas, então, as materialidades do IOF: IOF/Crédito, IOF/Câmbio, IOF/Seguros e IOF/Títulos e Valores Mobiliários. Construídas de acordo com a metodologia de interpretação adotada ao longo deste estudo, cada uma das materialidades do IOF foi defrontada com a materialidade do ISSQN, tendo sido apartados os campos de incidência dos dois impostos. Restou esclarecido, também, que as atividades-meio, indispensáveis à consecução dos fatos sobre os quais recai o IOF, não servem à incidência do ISSQN.

No capítulo seguinte, foram examinados os possíveis conflitos existentes entre ISSQN e a principal materialidade do ICMS: o ICMS que tem como critério material a realização de "operações de circulação de mercadorias". Restou elaborada, assim, a regra de competência do tributo estadual, atribuindo-se significado aos signos "operação", "circulação" e "mercadoria". Feito isso, foram indicadas as cinco espécies de fatos sobre os quais, *prima facie*, poderiam incidir os impostos: serviços puros constantes da lista anexa à legislação nacional de regência do ISSQN; serviços puros NÃO constantes da referida lista; simples operações de circulação de mercadorias, que envolvam apenas obrigações de dar; "operações mistas", que envolvam obrigações de dar e obrigações de fazer NÃO indicadas na lista anexa à lei complementar de que trata o art. 156, III, CRFB; e "operações mistas" que envolvam obrigações de dar e obrigações de fazer elencadas na lista anexa à lei complementar de que trata o art. 156, III, CRFB. Afastada a dupla incidência e sendo nítido (*i*) que sobre os serviços não arrolados na lista anexa à legislação de que trata o art. 156, III, CRFB, não incidirá nenhum dos impostos; (*ii*) que sobre os serviços puros indicados em tal lista deverá incidir apenas o ISSQN e (*iii*) que sobre as simples operações de circulação de mercadorias incidirá somente o ICMS, foram examinadas as chamadas "operações mistas". Tais operações (mistas) foram separadas entre aquelas que têm em si embutida obrigação de fazer NÃO prevista na lista anexa à lei complementar de que trata o art. 156, III, CRFB e aquelas que têm em si embutida obrigação de fazer prevista na referida lista. As primeiras, forte no art. 155, § 2º, IX, *b*, da CRFB, sofrem a incidência do ICMS. As segundas, porém, devem ser postas frente a dois critérios, para que então se defina qual imposto poderá tê-las como fato tributável: o *grau de particularização* da atividade tributada e a sua *finalidade*. Caberá ao intérprete examinar os fatos cuja tributação está em cheque para só então – baseado nos dois critérios e forte no postulado da razoabilidade, definir qual regra de competência incidirá e qual imposto poderá sobre eles recair.

Finalmente, restaram tratados os conflitos de competência tributária que podem surgir entre variados municípios, decorrentes da discussão a respeito do critério espacial da regra-matriz de incidência do ISSQN: é devido o imposto ao município em cujo território foi realizado o serviço ou naquele em que sediado ou domiciliado o prestador? A despeito da jurisprudência do Superior Tribunal de Justiça, que se pauta na existência de um "princípio constitucional implícito", determinando ser competente para a instituição e cobrança do ISSQN o município em cujo território foi prestado o serviço, ao contrário do quanto previsto no velho DL 406/68 e mesmo na LC 116/03, parece-nos que não há qualquer impedimento constitucional a que se estabeleça, via de regra, ser devido o imposto ao município no qual situado ou domiciliado o prestador. Nada impede, ademais, que tal definição se faça através de lei complementar nacional, veículo apropriado à prevenção de conflitos de competência tributária, consoante dita o art. 146, I, CRFB.

Referências bibliográficas

AARNIO, Aulis. *Reason and authority: a treatise on the dynamic paradigm of legal dogmatics*. Cambridge: Dartmouth, 1997.

ALEXANDER, Larry; SHERWIN, Emily. *The rule of rules: morality, rules and the dilemmas of law*. Duke University Press, 2001.

ALEXY, Robert. *Constitucionalismo discursivo*. Trad. Luís Afonso Heck. Porto Alegre: Livraria do Advogado, 2007.

ALEXY, Robert. BULYGIN, Eugenio. *La pretensión de corrección del derecho*. Argentina: Universidad Externado de Colômbia, 2005.

AMARO, Luciano da Silva. *Direito Tributário Brasileiro*. 13ª ed. São Paulo: Saraiva, 2007.

ARZUA, Heron. "O ISS e o Princípio da Territorialidade". *In* MELLO, Celso Antônio Bandeira de (organizador). *Estudos em Homenagem a Geraldo Ataliba*. São Paulo: Malheiros, 1997, p. 142-152.

ATALIBA, Geraldo. "ICMS – Incorporação ao Ativo Fixo – Empresa que loca ou oferece em *leasing* seus produtos – Descabimento do ICMS". *Revista de Direito Tributário* nº 52, Ano 14, abril- junho de 1990, p. 71-85.

——. "Normas gerais de direito financeiro". *Revista de Direito Público* nº 10, outubro-dezembro de 1969, p. 45-80.

——. *Sistema Constitucional Tributário Brasileiro*. São Paulo: Revista dos Tribunais, 1966.

——. *República e Constituição*. São Paulo: Revista dos Tribunais, 1985.

——. *Hipótese de incidência tributária*. 6ª ed. São Paulo: Malheiros, 2002.

——. "Lei Complementar em matéria tributária". Conferências e debates. *Revista de Direito Tributário* nº 48, abril-junho de 1989, p. 84-106.

——. *Estudos e Pareceres de Direito Tributário*. Vol. 1, São Paulo: Revista dos Tribunais, 1978.

——; BARRETO, Aires F. "ISS – Locação e Leasing". *Revista de Direito Tributário* v. 14, nº 51. São Paulo, jan/mar 1990, p.52-61.

——; BARRETO, Aires Fernandino. "ISS e ICM – Conflitos". *In* SAMPAIO DÓRIA, Antônio Roberto; et al (coord.). *Textos Selecionados de Direito Tributário: X Curso de Especialização em Direito Tributário – IBET – IDEP – ESAF*, São Paulo: Resenha Tributária e Revista dos Tribunais, 1983, p. 251-257.

——; GIARDINO, Cléber. "Imposto sobre Operações Financeiras", *Revista de Direito Tributário* nº 13-14, Ano 4, julho-dezembro de 1980, p. 239-257.

——. *et. al.* "Conflitos entre ICMS, ISS e IPI. *Revista de Direito Tributário* nº 7/8, janeiro-junho de 1979, p. 105-131.

ÁVILA, Humberto. *Sistema Constitucional Tributário: de acordo com a emenda constitucional nº 53, de 19.12.06*. São Paulo: Saraiva, 2008.

——. *Teoria dos Princípios: da definição à aplicação dos princípios jurídicos*. 4ª ed., São Paulo: Malheiros, 2006.

——. *Teoria da Igualdade Tributária*. São Paulo: Malheiros, 2008.

——. "Imposto sobre a prestação de serviços de qualquer natureza – ISS. Normas constitucionais aplicáveis. Precedentes do Supremo Tribunal Federal. Hipótese de Incidência. Base de cálculo e local da prestação. Leasing financeiro: análise de incidência". *Revista Dialética de Direito Tributário*, nº 122, São Paulo, novembro de 2005, p. 120-131.

——. "Imposto sobre a Prestação de Serviços de Comunicação. Conceito de Prestação de Serviço de Comunicação. Intributabilidade das Atividades de Veiculação de Publicidade em Painéis e Placas. Inexigibilidade de Multa". *Revista Dialética de Direito Tributário*, nº 143, São Paulo, agosto de 2007, p. 116-134.

——. "ICMS. Tratamento Diferenciado para Produtos Oriundos da Zona Franca de Manaus. Restrições ao Crédito por Ausência de Convênio Interestadual. Alíquotas e Créditos Diferenciados para Mercadorias Produzidas no Estado de São Paulo. Exame da Constitucionalidade das Restrições". *Revista Dialética de Direito Tributário*, nº 144, São Paulo, setembro de 2007, p. 64-81.

——. "O Imposto sobre Serviços e a Lei Complementar 116/03". *In* ROCHA, Valdir de Oliveira (coord). *O ISS e a LC 116*. São Paulo: Dialética, 2003, p. 165-184.

BALEEIRO, Aliomar. *Direito Tributário Brasileiro*. 11ª ed. Rio de Janeiro: Forense, 2007.

——. *Limitações constitucionais ao poder de tributar*. 7ª ed. Rio de Janeiro: Forense, 2006.

BAPTISTA, Marcelo Caron. *ISS: do texto à norma*. São Paulo: Quartier Latin, 2005.

BARRETO, Aires F. *ISS na Constituição e na Lei*. 2ª ed. São Paulo, Dialética, 2005.

——. "ICMS e ISS – Programa de software – Tributação – Refeições e Tributação – *Buffets* – Instalação e Montagem de Equipamentos que se agregam ao solo – Tratados Internacionais e Isenção de Impostos Estaduais e Municipais". *Revista de Direito Tributário* nº 69, São Paulo: Malheiros, s/d, p.90-112.

BARROSO, Luis Roberto. *Direito constitucional brasileiro: o problema da Federação*. Rio de Janeiro: Forense, 1982.

BASTOS, Celso Ribeiro. *Lei Complementar: teoria e comentários*. São Paulo: Saraiva, 1985.

——. *Curso de Direito Financeiro e de Direito Tributário*. São Paulo: Saraiva, 1991.

——. "Imposto sobre Operações Financeiras". *In* MARTINS, Yves Gandra da Silva (coord.). *Caderno de Pesquisas Tributárias: Tema IOF*. vol. 16: São Paulo: Resenha Tributária e Centro de Estudos em Extensão Universitária, 1991, p. 105-116.

BATALHA, Célio de Freitas. "Conflitos de Competência (Imposto sobre Operações Relativas à Circulação de Mercadorias e Imposto sobre Serviços)". *In* SAMPAIO DÓRIA, Antônio Roberto; et al (coord.). *Textos Selecionados de Direito Tributário: X Curso de Especialização em Direito Tributário – IBET – IDEP – ESAF*, São Paulo: Resenha Tributária e Revista dos Tribunais, 1983, p.189-228.

BECKER, Alfredo Augusto. *Teoria Geral do Direito Tributário*. 3ª ed. São Paulo: LEJUS, 1998.

——. *Carnaval Tributário*. 2ª ed. São Paulo: LEJUS, 1999.

BEISSE, Heinrich. "O critério econômico na interpretação das leis tributárias segundo a mais recente jurisprudência alemã". *In:* MACHADO, Brandão (coord.) *Direito Tributário: Estudos em Homenagem ao Professor Ruy Barbosa Nogueira*. São Paulo: Saraiva, 1984.

BEVILAQUA, Clóvis. *Direito das Obrigações*. 8ª ed. Rio de Janeiro: Paulo de Azevedo Ltda, 1954.

BOBBIO, Norberto. *Teoria General del Derecho*. 2ª ed. Bogotá: Editorial Témis S/A, 2005.

——. *Teoria do ordenamento jurídico*. Brasília: Ed. Universidade de Brasília, 10 ed., 1999.

BONAVIDES, Paulo. *Política e Constituição: os caminhos da Democracia*. Rio de Janeiro: Forense, 1985.

BORGES, João Eunápio. *Títulos de Credito*. 2ª ed. Rio de Janeiro: Forense, 1983.

BORGES. José Souto Maior. *Lei Complementar Tributária*. São Paulo: Revista dos Tribunais, EDUC, 1975.

———. "Aspectos fundamentais da competência para instituir o ISS". *In*: TORRES, Heleno Taveira (coord.). *Imposto sobre Serviços – ISS na Lei Complementar nº 116/2003 e na Constituição*. Barueri, São Paulo: Manole, 2004, p. 3-51.

———. "Inconstitucionalidade e ilegalidade da cobrança do ISS sobre contratos de assistência médico-hospitalar." *Revista de Direito Tributário* nº 38, Ano 10, São Paulo, Outubro/Dezembro de 1986, p. 164-177.

———. "Hierarquia e sintaxe constitucional da lei complementar tributária". *Revista Dialética de Direito Tributário* nº 150, março de 2008, p. 67-78.

———. "A isonomia tributária na Constituição". *Revista de Direito Tributário* nº 64. 1994, p. 8-19.

BOTALLO, Eduardo Domingos. "Alguns reflexos do Código Civil no Direito Tributário". *In* GRUPENMACHER, Betina Trieger (coord.). *Direito Tributário e o Novo Código Civil*. São Paulo: Quartier Latin, p. 168-194.

———. "Notas sobre o ISS e a Lei Complementar nº 116/2003". *In*: ROCHA, Valdir de Oliveira (coord.). *O ISS e a LC 116*. São Paulo: Dialética, 2003, p. 77.

———. "Linhas básicas do IPI", *Revista de Direito Tributário* nº 13-14, Ano 4, Julho-Dezembro de 1980, p. 195-202.

———. *Fundamentos do IPI (imposto sobre produtos industrializados)*. São Paulo: Revista dos Tribunais, 2002.

BRAZUNA, José Luiz Ribeiro. "Lei Complementar nº 116/03 – Mudanças no Regime do ISS – Conflitos de Competência entre Municípios – Responsabilidade Tributária – Limites aos Poderes de Fiscalização". *Revista Dialética de Direito Tributário* nº 108, p. 105-122.

BRITO, Edvaldo. "Natureza Jurídica Mercantil do ICMS". *In* ROCHA, Valdir de Oliveira. *O ICMS e a LC 87/96*. São Paulo: Dialética, 1997, p. 33-50.

———. "IPI: Gerador na Obrigação". *Revista Tributária e de Finanças Públicas* nº 45, julho-agosto de 2002, p. 204-242.

———. "O ISS e a Lei Complementar nº 116 – Conflitos de Competência". *In* ROCHA, Valdir de Oliveira (coord.). *Grandes Questões Atuais do Direito Tributário* 8º vol., São Paulo: Dialética, 2004, p. 93-110.

BULYGIN, Eugenio; MENDONCA, Daniel. *Normas y sistemas normativos*. Madri: Marcial Pons, 2005.

CAMPBELL, Tom D. *The legal theory of ethical positivism*. England: Dartmouth, 1996.

CANARIS, Claus-Wilhelm. *Pensamento sistemático e conceito de sistema na ciência do direito*, 3 ed., Lisboa: Fundação Calouste Gulbenkian, 2002.

CANAZARO, Fábio. *Lei complementar tributária na Constituição de 1988: normas gerais em matéria de legislação tributária e a autonomia federativa*. Porto Alegre: Livraria do Advogado, 2005.

CANTO, Gilberto de Ulhôa; MIRANDA FILHO, Aloysio Meirelles de. "O IOF". *In* MARTINS, Yves Gandra da Silva (coord.). *Caderno de Pesquisas Tributárias: Tema IOF*. vol. 16: São Paulo: Resenha Tributária e Centro de Estudos em Extensão Universitária, 1991, p. 17-54.

CARRAZZA, Roque Antônio. *Curso de Direito Constitucional Tributário*. 24 ed. São Paulo: Malheiros, 2008.

———. *Conflitos de competência: um caso concreto*. São Paulo: Revista dos Tribunais, 1983.

———. *Princípios Constitucionais Tributários e Competência Tributária*, São Paulo: Revista dos Tribunais, 1986.

———. *ICMS*. 9ª ed. São Paulo: Malheiros, 2003.

———."Breves considerações sobre o artigo 12 do Decreto-lei nº 406/68". *Revista de Direito Tributário* nº 6, Ano 2, Outubro/Dezembro de 1978. São Paulo: Revista dos Tribunais, p. 153-158.

CARVALHO, Paulo de Barros. *Teoria da norma tributária*. São Paulo: Max Limonad, 2002.

──. "A natureza jurídica do ICM". In DÓRIA, Antônio Roberto Sampaio (coord.) et al. Textos Selecionados de Direito Tributário: X Curso de Especialização em Direito Tributário – IBET – IDEP –ESAF. São Paulo: Resenha Tributária e Revista dos Tribunais, 1983, p. 85-104.

──. Curso de Direito Tributário, 20ª ed. São Paulo: Saraiva, 2008.

──. "IPI – Comentários sobre as Regras Gerais de Interpretação da Tabela NBM/SH (TIPI/ TAB)". Revista Dialética de Direito Tributário nº 12, setembro de 1996, p. 42-60.

──. Direito tributário: fundamentos jurídicos da incidência. 3ª ed. São Paulo: Saraiva, 2004.

CASÁS, José Osvaldo. "El principio de legalidade em materia tributaria".In: TORRES, Heleno Taveira (coord.). Tratado de direito constitucional tributário: estudos em homenagem a Paulo de Barros Carvalho. São Paulo: Saraiva, 2005.

CHIESA, Clélio. "Imunidades e normas gerais de direito tributário". In: SANTI, Eurico Marcos Diniz (coord.). Curso de Especialização em Direito Tributário: Estudos Analíticos em Homenagem a Paulo de Barros Carvalho. Rio de Janeiro: Forense, 2005.

──. "O Imposto Sobre Serviços de Qualquer Natureza e Aspectos Relevantes da Lei Complementar nº 116/03". In ROCHA, Valdir de Oliveira (coord.). O ISS e a LC 116. São Paulo: Dialética, p. 52-76.

──. "Industrialização sob encomenda: Incidência de ISS, IPI, ICMS ou nenhum desses impostos?". In ROCHA, Valdir de Oliveira (coord.). Grandes Questões Atuais do Direito Tributário. Vol. 9. São Paulo: Dialética, 2005, p. 57-73.

──. "Inconstitucionalidades da Lei Complementar nº 116/03". In: TORRES, Heleno Taveira (organ.). Imposto sobre Serviços – ISS na Lei Complementar 116/2003 e na Constituição. Barueri, São Paulo: Manole, 2004, p. 329-350.

CIRNE LIMA, Ruy. Princípios de Direito Administrativo. 5ª ed. São Paulo: Revista dos Tribunais, 1982.

COELHO, Fábio Ulhoa. Curso de Direito Comercial vol. 3. São Paulo: Saraiva, 2000.

COELHO, Sacha Calmon Navarro. Curso de Direito Tributário Brasileiro. 9ª ed. Rio de Janeiro: Forense, 2008.

──. "A lei complementar como agente normativo ordenador do sistema tributário e da repartição de competências tributárias". In: Simpósio Nacional IOB de Direito Tributário, Vol. 8: Grandes Temas Tributários da Atualidade. São Paulo: IOB, 1999, p. 135-149.

──. "ICMS – A Imunidade das Operações Interestaduais com Petróleo e seus Derivados, Combustíveis Líquidos e Gasosos – a Irrelevância na Espécie do Conceito de Consumidor Final". In ROCHA, Valdir de Oliveira (coord.). O ICMS e a LC 87/96. São Paulo: Dialética, 1996, p. 111-132.

──; MARTINS, Yves Gandra da Silva. "Distinção entre Não-incidência e Isenção em Tema de ISS – Atividades Bancárias". Revista Dialética de Direito Tributário nº 126, março de 2006, p. 61/69.

COMPARATO, Fabio Konder. Direito Empresarial: Estudos e Pareceres. São Paulo: Saraiva, 1995.

COSTA, Alcides Jorge. ICM na Constituição e na Lei Complementar. São Paulo: Resenha Tributária, 1978.

DENARI, Zelmo. "Breves considerações à margem da capacidade contributiva". Revista Dialética de Direito Tributário nº 124, janeiro de 2006, p. 76-91.

DERZI, Misabel de Abreu Machado. NOTAS. In BALEEIRO, Aliomar. Limitações constitucionais ao poder de tributar.7ª ed. Rio de Janeiro: Forense, 2006.

──. NOTAS. In BALEEIRO, Aliomar. Direito Tributário Brasileiro. 11ª ed. Rio de Janeiro: Forense, 2007.

──. "Fundamentos da Competência Municipal". Revista de Direito Tributário nº 13-14, Ano 4, Julho-Dezembro de 1980, p. 99-113.

——. "O Aspecto Espacial do Imposto Municipal sobre Serviços de Qualquer Natureza". *In* TORRES, Heleno Taveira (coord.). *Imposto sobre Serviços – ISS na Lei Complementar nº 116/2003 e na Constituição*. Barueri, São Paulo: Manole, 2004, p. 53-84.

ESPINOLA, Eduardo. *Dos Contratos Nominados no Direito Civil Brasileiro*. Atualizado por Ricardo Rodrigues Gama. Campinas: Bookseller, 2002.

FALCÃO, Amílcar de Araújo. *Introdução ao Direito Tributário*. Rio de Janeiro: Editora Rio – Sociedade Cultural Ltda., 1976.

FERRAZ, Roberto Catalano. *Contribuições especiais e empréstimos compulsórios: natureza e regime jurídico*. São Paulo: Resenha Tributária, 1992.

FERRAZ JR., Tércio Sampaio. "Competência tributária municipal". *In: Direito Tributário Atual* vol. 11/12. São Paulo: Resenha Tributária, co-edição do Instituto Brasileiro de Direito Tributário, 1992.

——. *Introdução ao Estudo do Direito*. 4ª ed. São Paulo: Atlas, 2003.

——. *A Ciência do Direito*. 2ª ed. São Paulo: Atlas, 1980.

FERREIRA FILHO, Manoel Gonçalves. *Curso de Direito Constitucional*. 11ª ed. São Paulo: Saraiva, 1982.

GADAMER. Hans-Georg. *Verdade e método*. 6ª ed. Vozes, Bragança Paulista, São Paulo: Universitária São Francisco, 2004.

GAMA, Tácio Lacerda. "Contribuições especiais: natureza e regime jurídico". *In*: SANTI, Eurico Marcos Diniz (coord.). *Curso de Especialização em Direito Tributário: Estudos Analíticos em Homenagem a Paulo de Barros Carvalho*. Rio de Janeiro: Forense, 2005.

GIARDINO, Cléber. "Conflitos entre Imposto sobre Produtos Industrializados e Impostos sobre Operações Relativas à Circulação de Mercadorias". *In* DÓRIA, Antônio Roberto Sampaio (coord.) *et al. Textos Selecionados de Direito Tributário: X Curso de Especialização em Direito Tributário – IBET – IDEP –ESAF*. São Paulo: Resenha Tributária e Revista dos Tribunais, 1983, p. 243-250.

GOMES, Orlando. *Contratos*. 15ª ed. Rio de Janeiro: Forense, 1995.

GONÇALVES, José Arthur Lima. "O ISS, a Lei Complementar nº 116/03 e os Contratos de Franquia". *In* ROCHA, Valdir de Oliveira (coord.). *Grandes Questões Atuais do Direito Tributário* 8º vol., São Paulo: Dialética, 2004, p. 263-297.

——. "Incidência do Imposto sobre Operações de Crédito em Operações de Mútuo Realizadas por Instituições Financeiras". *In* ROCHA, Valdir de Oliveira. *Grandes Questões Atuais do Direito Tributário*. 3º Volume. São Paulo: Dialética, 1999, p. 169-187.

GORDILLO, Agostín. *Tratado de Derecho Administrativo*. Tomo 1: Parte General. 7ª ed. Belo Horizonte: Del Rey e Fundación de Derecho Administrativo, 2003.

GRAU, Eros Roberto. *Ensaio e discurso sobre a interpretação/aplicação do direito*. São Paulo: Malheiros, 2002.

GRECO, Marco Aurélio. *Planejamento Tributário*. São Paulo: Dialética, 2004.

——. "ICMS – Exigência em Relação à Extração do Petróleo". *Revista Dialética de Direito Tributário* nº 100, janeiro de 2004, p. 122-145.

GUASTINI, Riccardo. *Distinguiendo: estúdios de teoria y metateoría del derecho*. Trad. Jordi Ferrer i Beltrán. Barcelona: Gedisa, 1999.

——. *Das fontes às normas*. Trad. Edson Bini. São Paulo: Quartier Latin, 2005.

——. *Il diritto come linguaggio lezioni*. Seconda Edizione. Torino: G. Giappichelli Editore, 2006.

GUIBORG, Ricardo A. *Pensar en las normas*. Buenos Aires: Eudeba, 1999.

HAGE, Jaap. *Studies in legal logic*. Netherlands: Springer, 2005.

HAMATI, Cecília Maria Marcondes. "I.O.F". *In* MARTINS, Yves Gandra da Silva (coord.) . *Caderno de Pesquisas Tributárias: Tema IOF*. vol. 16: São Paulo: Resenha Tributária e Centro de Estudos em Extensão Universitária, 1991, p. 233-258.

HART, H.L.A. *Conceito de direito*, 3ª ed. Lisboa: Fundação Calouste Gulbenkian, 2001.

HESSE, Konrad. *Elementos de direito constitucional da república federal da alemanha*. Trad. Luiz Afonso Heck. Porto Alegre: Sergio Antonio Fabris, 1998.

HORTA, Raul Machado. "Crise institucional: o problema federativo". *In*: *Revista do IARGS – Instituto dos Advogados do Rio Grande do Sul* Ano X nº 21, s/l, dezembro de 1995 a junho de 1996, p. 52-56.

———. "Tendências Atuais da Federação Brasileira". *In*: *Revista dos Tribunais: Cadernos de Direito Constitucional e Ciência Política*, Ano 4, nº 16, julho-setembro de 1996, p. 7-19.

———. "Formas simétrica e assimétrica do federalismo no Estado moderno". *In*: SALDANHA, Nelson Nogueira; REIS, Palhares Moreira (coord.). *Estudos Jurídicos, Políticos e Sociais: Homenagem a Gláucio Veiga*. Curitiba: Juruá, 2000.

———. *Direito Constitucional*, 4ª ed. Belo Horizonte: Del Rey, 2003.

JUSTEN FILHO, Marçal. *O Imposto sobre Serviços na Constituição*. São Paulo: Revista dos Tribunais, 1985.

KELSEN, Hans. *Teoria Geral do Direito e do Estado*.trad. Luis Carlos Borges, 4ª ed. São Paulo: Martins Fontes, 2005.

LAPATZA, José Juan Ferreiro. *Direito Tributário: Teoria Geral do Tributo*. Barueri, SP: Manole; Espanha: Marcial Pons, 2007.

LARENZ, Karl. *Metodologia da Ciência do Direito*, 3.ed., Lisboa: Fundação Calouste Gulbenkian, 1997.

LEAL, Victor Nunes. "Incidência do ISS com Exclusão do ICM nos Serviços de Concretagem por Empreitada". *Revista de Direito Tributário* nº 7/8, Ano 3, janeiro-julho de 1979, p. 22-35.

MAcCORMICK, Neil. *Rhetoric and the rule of law: a theory of legal reasoning*. New York: Oxford University Press, 2005.

———. *Legal reasoning and legal theory*. Oxford: Claredon, 2003.

MACHADO, Hugo de Brito. "A interpretação e o direito tributário brasileiro". *In:* NASCIMENTO, Carlos Valder do. *Interpretação no Direito Tributário*. São Paulo: Revista dos Tribunais, 1989, p. 25-50.

———. "O conceito de serviço e algumas modalidades listadas no anexo da LC nº 116/03". *In:* TORRES, Heleno Taveira (organ.). *Imposto sobre Serviços – ISS na Lei Complementar 116/2003 e na Constituição*. Barueri, SP: Manole, 2004.

———. "IOF". *In* MARTINS, Yves Gandra da Silva (coord.) . *Caderno de Pesquisas Tributárias: Tema IOF*. vol. 16: São Paulo: Resenha Tributária e Centro de Estudos em Extensão Universitária, 1991, p. 117-127.

———. *Aspectos fundamentais do ICMS*. São Paulo: Dialética, 1997.

———. "Local da ocorrência do fato gerador do ISS". *Revista Dialética de Direito Tributário* nº 58, jul/2000, p. 45-53.

MARQUES, Marcio Severo. *Classificação constitucional dos tributos*. São Paulo: Max Limonad, 2002.

———. "Espécies Tributárias". *In* SANTI, Eurico Marcos Diniz (coord.). *Curso de Especialização em Direito Tributário: Estudos analíticos em homenagem a Paulo de Barros Carvalho*. Rio de Janeiro: Forense, 2005.

MARTINS, Fran. *Títulos de Crédito*. Vol. 1. 3ª ed. Rio de Janeiro: Forense, 1983.

MARTINS, Yves Gandra da Silva. "IOF". *In* MARTINS, Yves Gandra da Silva (coord.) . *Caderno de Pesquisas Tributárias: Tema IOF*. vol. 16: São Paulo: Resenha Tributária e Centro de Estudos em Extensão Universitária, 1991, p. 55-80.

———. "A Função da Lei Complementar Tributária – Legalidade do Decreto nº 3.070/99 e da I.N – SRF 060/99 – Possibilidade de Adoção de Imposto Fixo no Direito Tributário Brasileiro". *Revista Dialética de Direito Tributário* nº 65, fevereiro de 2001, p. 146-162.

———; SOUZA, Fátima Fernandes Rodrigues de. "ICMS. Exegese do art. 155, § 2º, IX, *b*, da CF (Fornecimento de Mercadorias com Prestação de Serviços não Compreendidos na Competência dos Municípios)". *Revista Dialética de Direito Tributário* nº 100, janeiro de 2004, p. 18-31.

MATTOS, Aroldo Gomes de. "Novo Regramento do ISS efetuado pela LC 116/03". *In*: ROCHA, Valdir de Oliveira (coord.). *O ISS e a LC 116*. São Paulo: Dialética, 2003, p. 19-35.

MAURER, Helmut. *Contributos para o Direito do Estado.* trad. Luís Afonso Heck. Porto Alegre: Livraria do Advogado, 2007.

MELLO, Celso Antônio Bandeira de. *Curso de Direito Administrativo*. 15ª ed. São Paulo: Malheiros, 2003.

MELLO, José Eduardo Soares de. "Construção Civil – ISS e ICMS?". *Revista de Direito Tributário* nº 69, p. 251-258.

———. "O ISS e a Lei Complementar 116 – Conflitos de Competência". *In* ROCHA, Valdir de Oliveira. *Grandes Questões Atuais do Direito Tributário*. Vol. 8. São Paulo: Dialética, 2004, p. 298-321.

———. *Aspectos Teóricos e Práticos do ISS*. São Paulo: Dialética, 2000.

———. *ICMS: Teoria e Prática*. 3ª ed. São Paulo: Dialética, 1998.

———. *O Imposto sobre Produtos Industrializados – IPI na Constituição de 1988*. São Paulo: Revista dos Tribunais, 1991.

MENDONÇA, Cristiane. *Competência tributária*. São Paulo: Quartier Latin, 2004.

MENDONÇA, J.X. Carvalho de. *Tratado de Direito Comercial*. Vol. IV. Tomo III. Atualizado por Ricardo Rodrigues Gama. Campinas: Russell Editores, 2004.

MIRANDA, Jorge. *Manual de Direito Constitucional*. Tomo II, 4ª ed. Coimbra: Coimbra Editora, 2000.

MIRANDA, Pontes de. Atualizado por Vilson Rodrigues Alves. *Tratado de Direito Privado*. Tomo II. Campinas: Bookseller, 2000.

———. Atualizado por Vilson Rodrigues Alves. *Tratado de Direito Privado*. Tomo XXXIV, Campinas: Bookseller, 2004.

———. *Tratado de Direito Privado*, Vol. XLVII, 3ª ed. São Paulo: Revista dos Tribunais, 1984.

MORAES, Bernardo Ribeiro de. *Doutrina e Prática do Imposto sobre Serviços*. São Paulo: Revista dos Tribunais, 1975.

———. *Compêndio de Direito Tributário*. 2ª ed. Vol. II. Rio de Janeiro: Forense, 1994.

MOSQUERA, Roberto Quiroga. *Renda e proventos de qualquer natureza: o imposto e o conceito constitucional*. São Paulo: Dialética, 1996.

———. *Tributação no Mercado Financeiro e de Capitais*. São Paulo: Dialética, 1998.

NOGUEIRA, Ruy Barbosa. *Da interpretação e da aplicação das leis tributárias*. 2ª ed. São Paulo: José Bushatsky, 1974.

———. *Curso de Direito Tributário*, São Paulo: Saraiva, 1989.

PAULSEN, Leandro; VELOSO, Andrei Pitten. "Controle das contribuições interventivas e sociais pela sua base econômica: a descurada especificação do seu objeto pela EC 33/01 e os seus reflexos tributários". *Revista Dialética de Direito Tributário*, nº 149, São Paulo, fev/08, p. 16-26.

PECZENICK, Alexander. *On law and reason*. Dordrecht: Kluwer, 1989.

REIS, Elcio Fonseca. *Federalismo fiscal – competência concorrente e normas gerais em direito tributário*. Belo Horizonte: Mandamentos, 2000.

REQUIÃO, Rubens. *Curso de Direito Comercial*. 2º Vol. São Paulo: Saraiva, 1982.

ROCHA, Carmem Lúcia Antunes. "Constituição, Soberania e Mercosul". *Revista Trimestral de Direito Público* nº 21, 1998, 12-37.

RODRIGUES, Marilene Talarico Martins. "IOF". *In* MARTINS, Yves Gandra da Silva (coord.). *Caderno de Pesquisas Tributárias: Tema IOF*. vol. 16: São Paulo: Resenha Tributária e Centro de Estudos em Extensão Universitária, 1991, p. 149-188.

ROSS, Alf. *Direito e Justiça*. Trad. Edson Bini. São Paulo: Edipro, 2003.

SALOMÃO, Marcelo Viana. *ICMS na Importação*. São Paulo: Atlas, 2000.

SANTI, Eurico Marcos Diniz de. *Lançamento tributário*. 2ª ed. São Paulo: Max Limonad, 2001.

SCHAUER, Frederick. *Plaiyng by the rules: a philosofical examination of rule-based decision-making in law and in life*. Claredon: Oxford, 2002.

———. "Easy Cases". *In* GARVEY, John H.; ALEINIKOFF, T. Alexander. *Modern Constitucional Theory: a Reader*. Fourth Edition. St. Paul, Minn., 1999, p. 120-126.

SILVA, José Afonso da. *Curso de Direito Constitucional Positivo*. 9ª ed. São Paulo: Malheiros, 1993.

STRECK, Lenio Luiz. *Jurisdição Constitucional Hermenêutica: uma nova crítica do Direito*. Porto Alegre: Livraria do Advogado, 2002.

TÁCITO, Caio. *Temas de Direito Público (Estudos e Pareceres)*. 2º volume. Rio de Janeiro: Renovar, 1997.

TELLES JR. Goffredo. "Discriminação Constitucional de Fontes de Receita Tributária". *Revista de Direito Público* n. 4, abril-junho de 1968, 125-144.

TORRES, Heleno Taveira. "Interpretação e integração das normas tributárias – reflexões críticas". *In*: TORRES, Heleno Taveira (coord.). *Tratado de Direito Constitucional Tributário: estudos em homenagem a Paulo de Barros Carvalho*. São Paulo: Saraiva, 2005.

———. "Funções das leis complementares no Sistema Tributário Nacional – Hierarquia de normas – Papel do Código Tributário Nacional no Ordenamento". *Cadernos de Direito Tributário. Revista de Direito Tributário* n. 84, São Paulo, s/d, p. 50-69.

———. "Código Tributário Nacional: Teoria da Codificação, Funções das Leis Complementares e Posição Hierárquica no Sistema". *Revista Dialética de Direito Tributário* n. 71, São Paulo, ago/2001, p. 84-103.

TORRES, Ricardo Lobo. *Curso de Direito Financeiro e Tributário*, 14ª ed. Rio de Janeiro: RENOVAR, 2007.

TROIANELLI, Gabriel; GUEIROS, Juliana. "O ISS e a Lei Complementar n. 116/03: Aspectos Polêmicos da Lista de Serviços". In ROCHA, Valdir de Oliveira (coord.). *O ISS e a LC 116*. São Paulo: Dialética, 2003, p. 110-124.

UCKMAR, Victor. *Princípios comuns de direito constitucional tributário*. Revista dos Tribunais, São Paulo, 1976.

VELLOSO, Andrei Pitten. *Conceitos e competências tributárias*. São Paulo, Dialética, 2005.

VILANOVA, Lourival. *As estruturas lógicas e o sistema do direito positivo*. São Paulo: Max Limonad, 1997.

———. *Causalidade e Relação no Direito*. 4ª ed., São Paulo: RT, 2000.

———. "Sobre o conceito de Direito". *In*: *Escritos Jurídicos e Filosóficos*. Vol. 1. São Paulo: Axis Mundi: IBET, 2003.